Corta la piel
It Pierces the Skin

Xánath Caraza

Traducido por Sandra Kingery

Translated by the students in Spanish 335: Translation at Lycoming College (Williamsport PA). Directed by Dr. Sandra Kingery. Students and translators; Caleb M. Beard, Abril M. Cardenas, Hanna Cherres, Joshua Josue Cruz-Avila, Angelina M. Fernandez, Luis Felipe Garcia Tamez, Elizabeth J. Hernandez, Galilea Landeros, Esmeralda Luna, Lyssett Ortuño, Rocio A. Quiñonez, Toussaint R., Karla I. Rios, Emily K. Sampsell, Michael Sanchez Palacios, Briana A. Tafoya-Saravia, Leví A. Tristán Aguirre, Aaron M. Willsea

FlowerSong Books
McAllen, Texas 78501

ISBN: 978-1-733809276

Published by FlowerSong Books
in the United States of America.
www.flowersongbooks.com

Set in Adobe Garamond Pro

Cover art by Liminal Atmospheres
Photograph by Lissette Solorzano
Typeset by Matthew Revert

Corta la piel
It Pierces the Skin

Xánath Caraza Translated by Sandra Kingery

...soy hoja de roble
desprendida del cuerpo,
viento que corta la piel,
hoguera en la noche.
X. Caraza

...I am an oak leaf
detached from its body,
wind that pierces the skin,
bonfire in the night.
X. Caraza

Índice

Contents

Translator's Note for *Corta la piel.*

By Sandra Kingery

Xánath Caraza's *Corta la piel* is a very powerful piece of writing. These 62 interconnected short prose poems move the reader with images encompassing everything from the personal struggles of the protagonists to current events to the conquest of the Americas. The poignancy of contemplating a world that is, as Violeta murmurs in the first story, "*so screwed up*" (40) is leavened with shimmering glimpses of the beauty of the natural world and a paean to the power of writing, all expressed in texts that sparkle with the energy and brio and authenticity found in all of Xánath Caraza's writing.

The two protagonists in these stories afford us dual levels of reality: at the primary level, we have texts in roman script which focus on Violeta the writer. That first Violeta creates the fiction within the fiction, the italicized stories written by Violeta about a fictional character who is also named Violeta. These nesting stories emphasize the creative process as our primary protagonist invents a secondary protagonist who shares many of her experiences and concerns about the world. Both suffer loneliness and a failed relationship, both revel in the beauty of nature (the moon, water, fog, birdsong), both are drawn inexorably back to memories of their troubled past when they hear the whistles of trains, and both celebrate the power of the written word. The dual nature of the two Violetas is most readily apparent in "Loss," the only story that includes both roman and italic script: "*The racist groups were organizing, and the weight of their negative energy was felt more strongly every day. It was heartbreaking, a threat. There's nothing worse than ignorance*, Violeta wrote, but she was wrong, there was something even worse…" (72). Subsequent references to the first Violeta's writing process are more subtle as they remain in italic script: "*It's very easy to project our fears onto others and then blame them, Violeta continued writing*" (74).

This emphasis on writing continues throughout the book. For example, in "False alarm," the first Violeta reflects upon everything she wrote in the immediately preceding stories: "she got distracted thinking about . . . what she had written regarding the students who had disappeared in Mexico, about the cancellation of TPS, the separation of families, and the recipes that she and Golda shared" (52). The process of writing is also at the forefront in "The Time of Swallows," where a line in the italicized text appears in strike through, revealing Violeta's editing process and the contingent nature of her words: "*Obsidian rain on aerial currents in the twilight (~~the time of swallows~~)*" (112).

Twenty-one of the stories focus on the first Violeta, our writer, and these stories expand to encompass short portraits of Violeta's violent father, her gay grandfather who was never able to come out of the closet, her mother, ex-boyfriends, and friends. Descriptions of her daily life alternate with stories about the emotional reactions she has to the places she visits or the news she confronts. Her travels to various locations in Spain that commemorate the conquest of the Americas afford some of the most emotionally gripping stories in the book. These visits "shattered her and brought her to tears. So much loss, so much pain, the extent of the destruction of her people" (114). When she visits the replicas of Columbus's three caravels, she internalizes the horrors that took place in the hold she cannot bring herself to enter: "She felt the pain of the slaves, the pestilence, and the inhuman conditions of what was to follow. The pain of the human cargo that was, indefensibly, transported by those ships for so many years" (120).

The emphasis on past injustices in the first Violeta's texts are echoed in the italicized stories she writes, but the italicized texts tend to emphasize current events—both personal and societal—more than distant history. They include current horrors (the family separation policy in the United States, the disappearance of 43 students from Ayotzinapa, Mexico), but also some of shortest, most poetic stories, encompassing myth and metaphor and musicality (e.g., descriptions of peacocks, fado singers, mythical creatures, and a flamenco dancer who is "*poetry in motion, love on fire*" (130).)

In spite of the different emphases in the stories related to each of the two Violetas, they both end up focusing on the power and transcendence of writing, words, and poetry. References to poets and writers (Camus, Fernando Pessoa, Armando Palacio Valdés, Cervantes, Unamuno, Sappho) abound. The hopefulness of creation is celebrated in "*A world where ink reigns, where thoughts remain captured on paper for all eternity*" (156), and Violeta "*vowed to dedicate herself to it, to Poetry. Poetry: I am yours*" (100).

The power of the written word is momentarily placed into question in the final story when "Loose pages of a manuscript flooded the icy, early morning wind after the trains collided" (162). The pathos of losing that manuscript of written words is mitigated by the last image in the book when "A sheet of paper, like a razor blade, has pierced the writer's skin deeply. Blood drips on the white pages. The paper absorbs it as it spreads" (162). This final description brings us full circle back to the first line of the book, when "*Violeta's index finger began to bleed*" (40). Thus, the ink on the page is replaced by the writer's life blood which tells its own story in its own way, primitive, biological, profound.

It is always a joy to have the opportunity to translate stories that are so rich and powerful and beautiful. This translation project was especially moving for me, since I translated these stories with an outstanding group of students in a Translation class that I offered at Lycoming College in Spring 2019. I would like to acknowledge all 18 students again here: Caleb M. Beard, Abril M. Cardenas, Hanna Cherres, Joshua Josue Cruz-Avila, Angelina M. Fernandez, Luis Felipe Garcia Tamez, Elizabeth J. Hernandez, Galilea Landeros, Esmeralda Luna, Lyssett Ortuño, Rocio A. Quiñonez, Toussaint R., Karla I. Rios, Emily K. Sampsell, Michael Sanchez Palacios, Briana A. Tafoya-Saravia, Leví A. Tristán Aguirre, and Aaron M. Willsea.

Translating a book for publication with undergraduate students is an unusual (and some might say, foolhardy) type of undertaking, but since this project ended up being so successful, I would like to share a little bit about the process. The precursor to this particular project was a joint translation that I did with another student, Kaitlyn Hipple (Lycoming College, 2018), where we spent two summers translating Xánath Caraza's *Metztli*. I received a faculty-student research grant from The Andrew W. Mellon Foundation to begin translating a few of the stories in the book with Kaitlyn during the summer of 2016. Kaitlyn did such an outstanding job that first summer that I applied for a Lycoming College Summer Student Research Grant, supported in part by the Arthur A. Haberberger Chairman's Endowed Student-Faculty Research Program, to complete the translation with her the following summer. End result: as a recent graduate at the onset of her career as a Spanish teacher, Kaitlyn Hipple already had a published translation, and *Metztli* went on to win Second Place for Best Collection of Short Stories in the 2019 International Latino Book Awards.

Translating with Kaitlyn was such a positive experience that when I began planning the newest iteration of my Translation class, I took seriously the Mellon Foundation's charge for faculty members in the arts and humanities to think out how to bring our research into the classroom so that more students have the opportunity to participate in and learn from our work. Just as I was contemplating ways in which I might do that with my Translation class, Xánath shared her manuscript of *Corta la piel* with me. I loved this book from the first time I read it, and I thought that these very short prose poems were perfect for a semester-long translation project. When I asked Xánath how she would feel about me translating the book with my students, she immediately embraced the idea.

And so this project was born. During the first week of the semester, I had all students translate two stories: "43" and "Our Sons and Daughters," and we workshopped those stories together over the course of the first few weeks. I wanted students to see how I think about translation questions, and I chose those specific stories because I wanted to push students past the inevitable first stage of simply thinking about individual words or sentences. Students quickly understood that, in order to translate these stories effectively, they would need to grapple with each story's context and appreciate its poetry and musicality.

After those first two stories, I divided students into the groups in which they would work for the rest of the semester. I was lucky enough to have 18 students in the class, which allowed me to form a perfect grid of groups of three and groups of six so that we could workshop the stories in what is sometimes called a jigsaw puzzle technique.

	SEXTET 1	SEXTET 2	SEXTET 3
TRIO A	Leví	Briana	Aaron
TRIO B	Karla	Rocío	Joshua
TRIO C	Emily	Michael	Hanna
TRIO D	Toussaint	Esmeralda	Galilea
TRIO E	Luis	Abril	Angelina
TRIO F	Lyssett	Caleb	Elizabeth

The jigsaw puzzle technique worked like this: every week for the next 10 weeks, each Trio translated a different story. Students prepared a translation for homework and then workshopped that story with their group. After each Trio came up with an edited group version of their story, the class then moved into the Sextets, where they worked on all six stories. The Sextets sent edits or suggestions back to each of the Trios, which would then workshop the story again with the suggestions from the three different Sextets. The Trios would submit their new draft to me, which I would mark up with questions, comments, and suggestions, and the whole process would begin again. At any one time, students could be working on the first draft of one set of stories, the second draft of another set, the third draft of yet another set, and so on. In this way, every story in the book was edited by everyone in the class multiple times, and we were able to find a common voice for the entire text.

Somewhat to my surprise, this process worked amazingly well. Students took the project very seriously and came up with excellent translations. We also met with Xánath by Skype, which allowed students to ask her questions about the stories. Even more importantly, it motivated students to strive to find the best possible translation for the stories because they admired Xánath so much after those meetings that they did not want to disappoint her. The first question that one of the students asked Xánath was: "What are you afraid of when you think about having us translate your book?" Xánath's immediate response to that question ("Afraid of?? I'm not afraid of anything. I'm so honored to have you work on this project") gave them confidence, and her generous and frequent expression of admiration for translators and the art of translation spurred the students to take ownership of the translation they were authoring. In their written reactions to the conversations with Xánath, many of the students wrote about how proud they were to find out that the author respected their work.

Like all translators, students needed to research a lot of references in the book, from locations in Spain, Italy, and Greece, to historical figures, to current events. After doing that work, they often wanted to footnote or gloss the text to explain the references that they now understood. I encouraged them to honor the mysteries and ambiguities of the original text and afford the English-language reader the right to figure out references in the same way the Spanish-language reader might. Some students also needed to be reassured that they did not need to "fix" "incorrect" sentences, such as "Last night, the waves and the white moon" (42) or "New York, that accursed city, full of metal bridges, where loneliness, she has discovered, is felt more deeply" (44). Once they were given permission to "break the rules," they quickly came to understand that these small stories are quite simply bursting with rhythm and poetry, which we certainly did not want to suppress.

Many of the students needed to be encouraged to think about the sounds of words, not simply their meaning, but they soon began to enjoy playing with alliteration and consonance in ways that might replicate some of the sounds of the original. They learned to appreciate the fact that, even when we were not able to recreate the exact same pattern of sounds in the exact same places, we could sometimes create a similar effect in a different location or with different sounds. For example, at the end of "The Whims of Lights," we replaced the sibilant sounds in the Spanish ("*Tu voz, mezclada con el viento y el agua, sigue susurrando incomprensibles sueños. Sangra dolor desde la roca*" (151)) with W sounds in the English, which also suggested the sounds of the nature that surround the protagonist: "*Your voice, mixed with wind and water, continues whispering incomprehensible dreams. Sorrow bleeds from the rocks*" (152).

Perhaps unsurprisingly, the translation question that created the most disagreement in the class was the title of the book. Variations on "corta la piel" appear nine times in the book, and both "corta" and "piel" occur in other contexts as well. We needed a phrase that worked as a title as well as in each of those locations, some of which referred to a literal laceration of the skin, while others referenced emotional or figurative wounds. The phrase also occurs in the epigraph—a fragment of a poem from *Sin preámbulos / Without Preamble* which I had previously translated as "cuts the flesh." Once we settled on "it pierces the skin" as our translation, I changed my translation in the epigraph to match.

In the class's first conversation with Xánath, she explained that she chose the title for this collection as a way to emphasize the pain and injustice that exist in the world today. In their final response letters to Xánath, many students pointed out very aptly that the book not only reflects that pain, it also motivates the reader to act, to seek justice, to strive for a more equitable world. Students also marveled at how a book that highlights pain can also reflect the beauty, the poetry, the joy to be found in the world. Xánath Caraza is the rare type of writer who can thread that needle, emphasizing the problems and difficulties of the world while also regaling her reader with beauty and with hope.

I would like to express my gratitude to Lycoming College for supporting this project, particularly President Kent Trachte, Provost Philip Sprunger, and the department of Modern Language Studies. Thanks to Kaitlyn Hipple for leading the way. Also and especially, my thanks and appreciation to Xánath Caraza.

Nota de traductora para *Corta la piel*.

Por Sandra Kingery

Corta la piel de Xánath Caraza es una pieza literaria muy fuerte. Estas sesenta y dos pequeñas prosas poéticas interconectadas estimulan al lector con imágenes que lo abarcan todo desde luchas personales de la protagonista, eventos actuales, hasta la conquista de las Américas. El sobrecogimiento que produce contemplar un mundo que es, como murmura Violeta en la primera historia, "un caos" (39) se atenúa con destellos luminosos de la belleza del mundo natural y una alabanza al poder de la escritura, todo expresado en textos que brillan con la energía, el brío y la autenticidad encontrada en toda la escritura de Xánath Caraza.

Las dos protagonistas en estas historias nos permiten niveles duales de la realidad: en un nivel primario, tenemos textos en letra de molde que se enfocan en Violeta la escritora. Esa primera Violeta crea la ficción dentro de la ficción, las historias en cursivas escritas por Violeta sobre un personaje ficticio que también se llama Violeta. Estas historias anidadas enfatizan el proceso creativo ya que nuestra protagonista primaria inventa una protagonista secundaria que comparte muchas de sus experiencias y preocupaciones del mundo. Ambas sufren soledad y una relación fracasada, ambas gozan de la belleza de la naturaleza (la luna, el agua, la niebla, el canto de las aves), ambas son inevitablemente engullidas por los recuerdos de su pasado problemático cuando oyen el silbato de los trenes y ambas celebran el poder de la palabra escrita. La naturaleza dual de las dos

Violetas es más inmediatamente aparente en "La pérdida", la única historia que incluye tanto letra de molde como cursivas: "*Los grupos racistas se estaban organizando y cada día el peso de su energía negativa se sentía más. Era una pena, un peligro. No hay nada peor que la ignorancia,* escribía Violeta pero se equivocaba, todavía había algo peor..." (71). Referencias posteriores al proceso de escritura de la primera Violeta son más sutiles ya que permanecen en cursivas: "*Es muy fácil proyectar los miedos propios en el otro y después culparlo, continuó escribiendo Violeta*" (73).

Este énfasis en lo escrito continúa a lo largo de todo el libro. Por ejemplo, en "Falsa alarma", la primera Violeta reflexiona sobre todo lo que escribió en las historias inmediatamente precedentes: "se distrajo pensando... en lo que había escrito sobre los jóvenes desaparecidos en México, sobre la cancelación del TPS, la separación de familias y en las recetas que compartieron ella y Golda" (51). El proceso de escribir está también al frente en "La hora de las golondrinas", donde una línea en el texto en cursivas aparece tachada, revelando el proceso de edición de Violeta y la naturaleza contingente de sus palabras: "*Lluvia obsidiana en corrientes aéreas con el crepúsculo (~~la hora de las golondrinas~~)*" (111).

Veintiuna historias se enfocan en la primera Violeta, nuestra escritora, y estas historias se expanden para abarcar retratos cortos del padre violento de Violeta, su abuelo gay quien nunca pudo salir del closet, su madre, exnovios y amigos. Las descripciones de su vida diaria alternan con las historias acerca de las reacciones emocionales que tiene a los lugares que visita o las noticias que confronta. Sus viajes a varios sitios en España que conmemoran la conquista de las Américas nos ofrecen algunas de las historias más conmovedoras en el libro. Estas visitas "le han quebrado y sacado lágrimas. Cuánta pérdida, cuánto dolor, cuánta invalidación hacia su pueblo" (113). Cuando visita las réplicas de las tres carabelas de Colón, internaliza los horrores que sucedieron en las bodegas y no pudo entrar: "Sentía el dolor de los esclavos, la pestilencia y las condiciones infrahumanas de lo que vino más tarde. De esa carga humana que injustificadamente llevaron por tantos años" (119).

El énfasis en las injusticias del pasado en los textos de la primera Violeta hace eco en las historias en cursivas que ella escribe pero los textos en cursivas tienden a enfatizar eventos actuales—tanto personales como sociales—más que el pasado distante. Incluyen horrores actuales (la política de separación de familias en los Estados Unidos, la desaparición de los 43 estudiantes de Ayotzinapa, México) y también algunas de las historias más cortas, más poéticas, que abarcan mito y metáfora y musicalidad (e.g., descripciones de pavo reales, cantantes de fado, criaturas míticas y una bailaora de flamenco quien es "*poesía en movimiento, amor en llamas*" (129).)

A pesar de los énfasis diferentes en las historias relacionadas con cada una de las dos Violetas, ambas acaban por enfocarse en el poder y trascendencia de la escritura, las palabras y la poesía. Abundan las referencias a poetas y escritores (Camus, Fernando Pessoa, Armando Palacio Valdés, Julio Cortázar, Cervantes,

Unamuno, Safo). El optimismo de la creación es celebrado en un "*Mundo donde la tinta reina, donde los pensamientos quedan plasmados en el papel para la eternidad*" (155) y Violeta "*juró dedicarse a ella. Poesía: soy tuya*" (99).

El poder del mundo escrito es momentáneamente puesto en duda en la historia final cuando "Hojas sueltas de un manuscrito penetraban el gélido viento de la madrugada después del choque de los trenes" (161). El pathos de perder ese manuscrito de palabras escritas es mitigado por la última imagen en el libro cuando "Una hoja de papel, como filo de navaja, ha cortado profundamente la piel de la escritora. Gotea la sangre en las hojas blancas. El papel la absorbe mientras se expande" (161). Esta descripción final completa el ciclo y nos regresa a la primera línea del libro, cuando "*A Violeta le empezó a sangrar el dedo índice*" (39). Por lo tanto la tinta en la página es reemplazada por la sangre vital de la escritora quien cuenta su propia historia a su manera, primitiva, orgánica, profunda.

Es un placer siempre tener la oportunidad de traducir historias que son tan ricas y poderosas y hermosas. Este proyecto de traducción fue especialmente conmovedor para mí, ya que traduje estas historias con un grupo espectacular de estudiantes en una clase de Traducción que ofrecí en Lycoming College en la primavera de 2019. Quisiera reconocer a todos los dieciocho estudiantes aquí una vez más: Caleb M. Beard, Abril M. Cardenas, Hanna Cherres, Joshua Josue Cruz-Avila, Angelina M. Fernandez, Luis Felipe Garcia Tamez, Elizabeth J. Hernandez, Galilea Landeros, Esmeralda Luna, Lyssett Ortuño, Rocio

A. Quiñonez, Toussaint R., Karla I. Rios, Emily K. Sampsell, Michael Sanchez Palacios, Briana A. Tafoya-Saravia, Leví A. Tristán Aguirre y Aaron M. Willsea.

Traducir un libro para publicación con estudiantes de licenciatura es un tipo de tarea inusual (y algunos dirían, temeraria) pero ya que este proyecto terminó siendo tan exitoso, me gustaría compartir un poco sobre el proceso. La versión previa a este proyecto particular fue una traducción en conjunto que hice con otra estudiante, Kaitlyn Hipple (Lycoming College, 2018), para la cual pasamos dos veranos traduciendo *Metztli* de Xánath Caraza. Recibí un subsidio de investigación para docente-estudiante de La Fundación Andrew W. Mellon para comenzar a traducir algunos de los cuentos en el libro con Kaitlyn durante el verano de 2016. Kaitlyn hizo un trabajo tan grandioso ese primer verano que solicité un Subsidio de Verano de Investigación para Estudiante, parcialmente apoyado por el legado para Estudiante-Docente del Chairman Arthur A. Haberberger para completar la traducción con ella el siguiente verano. Como resultado final: una recién graduada al principio de su carrera de maestra de español, Kaitlyn Hipple ya tiene una traducción publicada, y *Metztli* fue galardonada con el Segundo lugar como Mejor Colección de Cuento en los International Latino Book Awards de 2019.

Haber traducido con Kaitlyn fue una experiencia tan positiva que cuando empecé la planeación de la más reciente iteración de mi clase de Traducción, tomé en serio la petición de la Fundación Mellon para docentes en las artes y humanidades para considerar cómo traer nuestra investigación al salón de clase para que más estudiantes tengan la oportunidad de participar y aprender de nuestro trabajo. En el momento en que yo estaba contemplando maneras en cómo pudiera hacerlo con mi clase de Traducción, Xánath compartió su manuscrito de *Corta la piel* conmigo. Este libro me fascinó desde la primera vez que lo leí, y pensé que estas prosas poéticas cortas eras perfectas para un proyecto de traducción de un semestre de duración. Cuando le pregunté a Xánath cómo se sentiría que yo tradujera el libro con mis estudiantes, inmediatamente acogió la idea.

Así nació este proyecto. Durante la primera semana del semestre, encargué a todos los estudiantes traducir dos historias: "43" y "Nuestros niños", y las trabajamos juntos a lo largo de las primeras semanas. Quería que los estudiantes vieran cómo pienso sobre las preguntas de traducción, y seleccioné esas historias específicas porque quise retar a los estudiantes a que sobrepasaran la inevitable primera etapa de pensar simplemente en palabras individuales u oraciones. Los estudiantes rápidamente entendieron que para traducir estas historias efectivamente, necesitarían someterse al contexto de cada historia y apreciar su poesía y musicalidad.

Después de esas dos primeras historias, dividí a los estudiantes en grupos con los que trabajarían el resto del semestre. Tuve la suerte de tener dieciocho estudiantes en la clase, lo que me permitió formar una tabla perfecta de grupos de tres y grupos de seis para que pudiéramos trabajar las historias en lo que es, a veces, llamada la técnica de rompecabezas.

	SEXTET 1	SEXTET 2	SEXTET 3
TRIO A	**Leví**	**Briana**	**Aaron**
TRIO B	**Karla**	**Rocío**	**Joshua**
TRIO C	**Emily**	**Michael**	**Hanna**
TRIO D	**Toussaint**	**Esmeralda**	**Galilea**
TRIO E	**Luis**	**Abril**	**Angelina**
TRIO F	**Lyssett**	**Caleb**	**Elizabeth**

La técnica de rompecabezas funcionó de la siguiente manera: cada semana por las siguientes diez semanas, cada Trío tradujo una historia diferente. Los estudiantes prepararon una traducción de tarea y después trabajaron esa historia con su grupo. Después de que cada Trío produjo una versión editada grupal, entonces la clase cambió a Sextetos, donde trabajaron en todas las seis historias. Los Sextetos mandaron ediciones o sugerencias a los Tríos, quienes trabajarían la historia otra vez con las sugerencias de cada uno de los tres Sextetos diferentes. Los Tríos me entregarían su nuevo borrador a mí, al cual le haría notas con preguntas, comentarios y sugerencias y todo el proceso comenzaría una vez más. En cualquier momento, los estudiantes pudieran estar trabajando en el primer borrador de un juego de historias, en el segundo borrador de otro juego, en el tercer borrador aún de otro juego y así consecuentemente. De esta manera, cada historia en el libro fue editada por cada uno de los estudiantes en la clase en múltiples ocasiones, y pudimos encontrar una voz unificada para el texto entero.

Para mi sorpresa este proceso funcionó maravillosamente bien. Los estudiantes tomaron el proyecto seriamente y produjeron traducciones excelentes. También nos reunimos con Xánath por Skype, lo que permitió a los estudiantes hacerle preguntas sobre las historias. Más importante aún motivó a los estudiantes a esforzarse para encontrar la mejor traducción posible para las historias porque admiraban a Xánath tanto, después de esas reuniones, que no querían desilusionarla. La primera pregunta que una de los estudiantes le hizo a Xánath fue: "¿Qué te da miedo al pensar que nosotros traduciremos tu libro?" La respuesta inmediata de Xánath a esa pregunta ("¿Miedo? Yo no tengo miedo de nada. Me siento muy honrada de que ustedes trabajen en este proyecto") les dio confianza, y sus expresiones de admiración, constantes y generosas, a los traductores y al arte de la traducción incentivó a los estudiantes a tomar las riendas de la traducción que ellos ya estaban escribiendo. En sus reacciones escritas a las conversaciones con Xánath, muchos de los estudiantes escribieron sobre lo orgulloso que estaban al descubrir que la autora respetaba su trabajo.

Como todos los traductores, los estudiantes necesitaron investigar muchas de las referencias en el libro, desde lugares en España, Italia y Grecia, hasta figuras históricas y eventos actuales. Después de haber hecho ese trabajo, frecuentemente querían hacer notas a pie de página o glosar el texto para explicar las referencias que ahora entendían. Los incentivé a honrar los misterios y ambigüedades del texto original y conferir al lector angloparlante el derecho a descifrar las referencias de la misma manera que un lector hispanoparlante lo haría. También fue necesaria, para algunos estudiantes, la reafirmación de que no necesitaban "arreglar" "oraciones incorrectas", tales como "Anoche las olas y la luna blanca" (41) o "Nueva York, esa ciudad maldita, llena de puentes metálicos, donde la soledad, ha descubierto, se siente más profundamente" (43). Una vez que se dieron permiso de "romper las reglas", rápidamente entendieron que estas pequeñas historias están explotando, plena y llanamente, de ritmo y poesía, lo que nosotros, ciertamente, no quisimos suprimir.

Muchos de los estudiantes necesitaron motivación para pensar en los sonidos de las palabras, no simplemente su significado y pronto comenzaron a disfrutar del juego de aliteración y consonancia en formas que pudieran replicar algunos de los sonidos del texto original. Aprendieron a apreciar el hecho de que aun cuando no pudimos recrear exactamente el mismo patrón de sonidos en exactamente los mismos lugares, pudimos a veces crear un efecto similar en un lugar diferente o con sonidos diferentes. Por ejemplo, al final de "Los caprichos de la luz", reemplazamos el sonido sibilante en español ("*Tu voz, mezclada con el viento y el agua, sigue susurrando incomprensibles sueños. Sangra dolor desde la roca*" (151)) con el sonido de la W en inglés que también sugirió los sonidos de la naturaleza que rodean a la protagonista: "*Your voice, mixed with wind and water, continues whispering incomprehensible dreams. Sorrow weeps from the rocks*" (152).

Quizá, como era de esperarse, la pregunta de traducción que creó mayor desacuerdo en la clase fue el título del libro. Las variaciones para "corta la piel" aparecen nueve veces en el libro y ambas "corta" y "piel" ocurren en otros contextos también. Necesitábamos una frase que funcionara tanto como título como en cada uno de esos lugares, algunas de las cuales hacían referencia a una laceración literal en la piel mientras que otras eran referencias emocionales o heridas figurativas. La frase también aparece en el epígrafe—un fragmento de un poema de *Sin preámbulos / Without Preamble* que yo había previamente traducido como "cuts the flesh". Una vez que acordamos en "it pierces de skin", como nuestra traducción, cambié mi traducción en el epígrafe para que concordara.

En la primera conversación con Xánath con la clase, nos explicó que escogió el título para esta colección como una forma para enfatizar el dolor y la injusticia que existe en el mundo de hoy. En las respuestas finales, en forma de cartas, a Xánath, muchos estudiantes señalaron aptamente que el libro no sólo refleja ese dolor sino que también motiva al lector a actuar, a buscar justicia, a luchar por un mundo más equitativo. Los estudiantes también se maravillaron por cómo un libro que subraya el dolor también puede reflejar la belleza, la poesía, la dicha que se encuentra en el mundo. Xánath Caraza es de ese escaso grupo de escritores quienes pueden hilvanar con esa aguja, enfatizando los problemas y las dificultades del mundo mientras agasajan a su lector con belleza y esperanza.

Quisiera expresar mi gratitud a Lycoming College por apoyar este proyecto, particularmente al Presidente Kent Trachte, al Secretario Académico Philip Sprunger y al departamento de

Estudios de Lenguas Modernas. Gracias a Kaitlyn Hipple por abrir el camino. Así mismo y especialmente, mi gratitud y aprecio a Xánath Caraza.

It Pierces the Skin: out of the universe of fiction, images, the word and astonishment.

The mini short stories in *It Pierces the Skin*, which straddle the divide between prose and poetry, could generally be classified as vignettes because of their emphasis on the description of characters, scenes and landscapes, and also because they evoke the feelings and sensations belonging to the protagonist, Violeta, whose presence throughout the text unifies the collection of brief stories that make up the book. Violeta, a Salvadoran refugee in the United States and a writer and traveler, appears in different places throughout the narrative, such as New York, Madrid, Lisbon and Athens. These spaces constitute the geographic framework of her psychological trajectory along the pathways of melancholy due to a love lost, with no hope for return or atonement. Far from telling Violeta's story in a lineal fashion and tracing any causality between the narrated events, *It Pierces the Skin* avoids temporal markers with the goal of emphasizing the emotional effects that key experiences in her life have had on the protagonist. These include childhood abuse, her emigration to the United States, her travels and the breakup with Pedro, among other things.

The first text, which also gives us the title of the collection, is an indictment of the brutality of the war in El Salvador, since the protagonist remembers that when she was a child she had to flee abruptly—by train—from the Salvadoran soldiers who suddenly appeared near her house with machine guns. That thought leads to another, current and present: the cancelation of the Temporary Protected Status or TPS for Salvadorans.

Both reflections are sparked by the sound of a train and by a small cut that the protagonist suffers in her kitchen. In this way, a connection is made between Violeta's private experience, in other words, the microcosm of the violence she has experienced personally, and the macrocosm of the violence in El Salvador and the anti-immigration politics carried out by the U.S. government. As with other texts in this collection, nature, here embodied in the song of the woodpecker that Violeta hears in the garden and in the trees that she sees from her kitchen window, helps her find peace in a foreign land: "She was soothed by the chirping sounds coming from the thick bushes." The social theme, constant in Caraza's writing, is also found in "43," a story that alludes to the disappearance of the 43 *normalistas* in Ayotzinapa, Mexico, in September 2014, where the narrative voice imagines itself as one of the victims who lie beneath the sun with no tomb and no justice: "In the darkness of the night, I felt warm blood trickling toward my eyes. . . 'I'm from Ayotzinapa'. . . I am the 43."

Beyond the social commitment, *It Pierces the Skin*'s poetic and introspective prose is designed to evoke universal feelings and moods through the emotions that the protagonist experiences, especially the ones that have to do with disappointment in love and the sorrow that stems from it. In this sense, the landscape is fundamental since it situates the protagonist's memories geographically, thus facilitating the work of mourning, as we see in "Lisbon and the Sea": "The song of forgetting is embroidered upon its history. That which remains is fading: the sighs, one hand that barely touches the other. Nothing remains, not even blood laden with pain." In other vignettes, the protagonist ventures through the terrain of a more direct erotism, such as in "The Nereid," where Violeta imagines herself as one of the sirens enshrined in the blue tiles of a museum she visits in Lisbon: "If I were a design on the clay surface, I would be a whirlwind engraved for all eternity. I rest in the small cloister, drawing words, imagining colors on the page . . . . If I were an azulejo tile, I would live in this house as well, waiting for you, disrobed and aroused." "The Nereid" emphasizes the intimate connection that *It Pierces the Skin* establishes between the visual arts and literature, like technologies that capture the instant to preserve it in images and writing.

Another element that is fundamental to *It Pierces the Skin* is the musicality of the sentences that, along with the beauty of the images, emphasize the author's stylistic concerns. One paradigmatic example of this is found in "Peacocks," a micro-fiction that reveals Caraza's intuition and her confidence in the power of anaphor to orchestrate—sometimes alone and at other times with alternating alliteration—the rhythm of her prose: "The females—absent, distant, naked—waiting by the sea. Born of Venus, born of sea foam." The *précieux* description of the peacocks and the musicality of the prose brings to mind the modernism of Darío's swans. However, their personification creates a sense of estrangement in the reader and, in this way, she is able to imagine them from an innovative perspective, thus adding originality to their description.

If *It Pierces the Skin* is in dialogue with the literary tradition, using images conventionally associated with the landscape of romantic poetry—especially its connection with the feelings of the poet—images such as the moon, the waves, twilight or the wind ("Once Again, the Train," "A Pinch of Sunshine," "I Am Yours," "It Blows Toward the South," "The Voice of Dawn," "The Time of Swallows," the last one as an obvious homage to Bécquer), on the other hand, some vignettes emphasize the contemporary nature of the writing, mentioning elements of technology or the current urban landscape (such as the skyscrapers or boats of New York) with which Violeta connects emotionally or intellectually. The vignette "False alarm" is one example: "'The light from the screen and from the moon are similar,' she thought: white, cold, penetrating." The computer screen acts as a metonymy of the writing, which is the only activity that can take Violeta out of her "chaotic thoughts" and lead her to a "A world of words, metaphorical. A world where . . . things happen . . . , poems are born from the tables, from glasses, from cups" ("Parallel Life").

Like Pablo Neruda, Caraza discovers poetry even in the simplest of objects, which is something only the intuition of a poet can achieve. In addition, the author reminds us that literature is an effective way of creating order within the chaos of life, denouncing injustices, seeing the world with new eyes through a filter of sounds and metaphors and, in that way, creating and imagining a different world, out of the universe of fiction, images, the word and amazement.

María Esther Quintana Millamoto
Texas A&M University

Corta la piel: desde el universo de la ficción, las imágenes, la palabra y el asombro.

A caballo entre la prosa y la poesía, los mini relatos de *Corta la piel*, en su mayoría, se podrían clasificar como viñetas por su énfasis en la descripción de personajes, escenas y paisajes, y simultáneamente por la evocación de las emociones e impresiones de Violeta, la protagonista, cuya presencia a través del texto da unidad al conjunto de narraciones breves que componen el libro. Violeta, una salvadoreña refugiada en los Estados Unidos que es escritora y viajera, aparece a través de la narración en distintos lugares como Nueva York, Madrid, Lisboa y Atenas. Esos espacios constituyen el marco geográfico de su trayecto psicológico a través de los caminos de la melancolía debido a un amor perdido, sin esperanzas de regreso ni redención. Lejos de contar la historia de Violeta de una manera lineal y de trazar una causalidad entre los sucesos narrados, *Corta la piel* evita las marcas temporales con el fin de subrayar el efecto emocional en la protagonista de experiencias fundamentales en su vida como el maltrato en su niñez, la emigración a Estados Unidos, sus viajes y su rompimiento con Pedro, entre otras.

El primero de los textos que da título a la colección constituye una denuncia de la brutalidad de la guerra en El Salvador, ya que la protagonista recuerda que cuando era niña tuvo que huir precipitadamente --en un tren-- de los soldados salvadoreños que llegaron con metralletas cerca de su casa. Dicho pensamiento conduce a otro, actual y presente: la cancelación del Estatus de Protección Temporal o TPS, por sus siglas en inglés (Temporary Protected Status), para los salvadoreños.

Ambas reflexiones son detonadas por el sonido de un tren y por una pequeña cortada que sufre la protagonista en la cocina de su casa. De esta manera, su experiencia privada, es decir, el microcosmos de la violencia vivida por Violeta, se conecta con el macrocosmos de la violencia en El Salvador y con la política anti inmigratoria del gobierno de los Estados Unidos. Como en otros de los textos de esta colección, la naturaleza, encarnada aquí en el canto del pájaro carpintero que Violeta escucha en el jardín y en los árboles que ve desde la ventana de la cocina, le ayuda a encontrar paz en tierra extranjera: "un trinar entre las abundantes frondas la tranquilizó". El tema social, constante en la escritura de Caraza, se advierte también en la viñeta "43" que alude a la desaparición de los 43 estudiantes normalistas en Ayotzinapa, México, en septiembre del 2014, donde la voz narrativa se imagina como una más de las víctimas que yacen bajo el sol sin tumba y sin justicia: "En la oscuridad de la noche sentí la sangre caliente escurrirse hasta los ojos. . . 'Soy de Ayotzinapa'. . . Soy el 43".

Más allá del compromiso social, la prosa poética e introspectiva de *Corta la piel* se propone evocar sentimientos y estados de ánimo de carácter universal a través de las emociones particulares de la protagonista, especialmente aquellas que tienen que ver con la desilusión amorosa y su consecuente melancolía. En este sentido, el paisaje es fundamental ya que sitúa geográficamente los recuerdos de la protagonista, facilitando así el trabajo de duelo como en el caso de "Lisboa y el mar": "La canción del olvido se borda en su historia. Se desvanece lo que queda: suspiros, una mano que apenas toca la otra. No queda nada ni la sangre cargada de dolor". En otras viñetas, la protagonista se aventura por el terreno de un erotismo más directo como en "Nereida" donde Violeta se imagina como una de las sirenas plasmadas en los azulejos azules de un museo que visita en Lisboa: "Si yo fuera diseño en la superficie de barro, sería remolino de viento grabado para la eternidad. Descanso en el claustro pequeño, dibujando palabras, imaginando colores en la página. . . Si yo fuera azulejo, también viviría en esta casa, con el sexo hinchado, esperándote". "Nereida" subraya la íntima conexión que *Corta la piel* establece entre el arte visual y la literatura como tecnologías que atrapan el instante para preservarlo en las imágenes y en la escritura.

Otro elemento fundamental en *Corta la piel* es la musicalidad de la frase que junto con la belleza de las imágenes enfatiza la preocupación estilística de la autora. Un ejemplo paradigmático de ello se encuentra en "Los pavos reales", mini relato que revela la intuición de Caraza y su confianza en el poder de la anáfora para orquestar—a veces por sí misma y otras en juego alternado con la aliteración—el ritmo de su prosa: "Ellas lejanas, ellas ausentes, ellas desnudas. Nacidas de Venus, nacidas de la espuma". La descripción preciosista de los pavos reales y la musicalidad de la prosa recuerda el modernismo de los cisnes de Darío. Sin embargo, su personificación instiga el extrañamiento en el lector y, con ello, le permite imaginarlos desde una perspectiva innovadora, añadiendo así originalidad a su descripción.

Si bien *Corta la piel* dialoga con la tradición literaria utilizando imágenes convencionalmente asociadas con el paisaje de la poesía romántica –especialmente su conexión con los sentimientos del poeta– imágenes tales como la luna, las olas, el crepúsculo o el viento ("Otra vez el tren", "Un poco de sol", "Soy tuya", "Sopla hacia el sur", "La voz del amanecer", "La hora de las golondrinas" –en un evidente homenaje a Bécquer–), por otro lado, algunas viñetas enfatizan el carácter contemporáneo de la escritura mencionando elementos de la tecnología y del paisaje urbano actual (como los rascacielos neoyorquinos o sus barcos) con los cuales Violeta se conecta emocional o intelectualmente, por ejemplo en la viñeta "Falsa alarma": "'La luz de la pantalla y la luna son similares'", pensó, blancas, heladas, penetrantes". La pantalla de la computadora funciona como una metonimia de la escritura, la cual es la única actividad que puede sacar a Violeta de sus "pensamientos caóticos" y llevarla a un "Mundo de letras, metafórico. . . donde las cosas pasan, los poemas nacen de las mesas, de los vasos, de las tazas" ("Vida paralela").

Como Pablo Neruda, Caraza descubre la poesía aun en los objetos más sencillos, lo cual solamente la intuición de un poeta puede lograr. Asimismo, la autora nos recuerda que la literatura es un medio eficaz para poner orden en el caos de la vida, denunciar las injusticias, ver con nuevos ojos el mundo a través de un filtro de sonidos y metáforas y, así, crear e imaginar un mundo distinto, desde el universo de la ficción, las imágenes, la palabra y el asombro.

María Esther Quintana Millamoto
Texas A&M University

Corta la piel

A Violeta le empezó a sangrar el dedo índice. Las aspas de la procesadora de alimentos se le deslizaron por entre las manos enjabonadas. El agua caliente no le permitió sentir dolor. Sólo un hilo de sangre delgado corrió en el fregadero. La noticia de la cancelación del TPS para los hondureños le revolvía el estómago. Antes a los salvadoreños y ahora esto. "El mundo está de cabeza. El mundo es un caos". Pensó. Terminó de lavar las aspas, las puso en el escurridor y abrió las ventanas al momento que un pájaro carpintero trataba de perforar la pared metálica de la casa de su vecino. "El mundo está de cabeza. Ya los pájaros no distinguen entre el metal y la madera". Un trinar entre las abundantes frondas la tranquilizó. Con el pulgar se quitó el coagulo que se le estaba formando. El dedo sangró de nuevo. Ahora sí sintió dolor. Un tren anunciaba su llegada. El inconfundible silbato la retornó a su niñez en El Salvador. Un tren que les salvó la vida durante la guerra. Era muy pequeña pero recordaba cuando los soldados tocaron a su puerta, a las de sus vecinos y comenzaron los disparos. La sangre, las metralletas, la huida por el monte. Otra vez el pájaro carpintero. Ese sonido que no puede olvidar. El dedo le sigue doliendo. Oye entre las frondas el aletear de los pájaros.

It Pierces the Skin

Violeta's index finger began to bleed. The blades of the food processor slipped between her soapy hands. The hot water kept her from feeling any pain. Only a thin trickle of blood ran into the sink. The news that TPS had been cancelled for the Hondurans was making her sick to her stomach. First the Salvadorans and now this. "The world is such a mess, it's so screwed up," she thought. She finished washing the blades, put them on the dish rack, and opened the windows while a woodpecker tried to drill through the metal wall of her neighbor's house. "The world is so screwed up. Birds can't even tell the difference between wood and metal anymore." She was soothed by the chirping sounds coming from the thick bushes. With her thumb, she picked off the scab that was starting to form. Her finger began to bleed again. Now she did feel the pain. A train was announcing its arrival. That unmistakable whistle took her back to her childhood in El Salvador. A train that saved their lives during the war. She was very young, but she remembered when the soldiers knocked on their door, on the neighbors' doors, and the gunshots began. The blood, the machine guns, their escape into the woods. Once again, the woodpecker. That sound she cannot forget. Her finger still hurts. She hears the birds flapping their wings in the bushes.

Otra vez el tren

Corta la piel, pensó Violeta. El viento helado de la tarde en el rostro corta la piel. Las manos le arden con cada paso frente al Hudson y en lo único que puede pensar es en él. El viento corta la piel, se repite a sí misma en un susurro. Es marzo y todavía hay restos de nieve de la última tormenta. "Violeta", oye entre el ulular del viento. Anoche las olas y la luna blanca. No deja de asombrarse con el inmenso río. Es marzo y aún no hay hojas en los árboles.

Once Again, the Train

It pierces the skin, thought Violeta. The cold evening wind on her face pierces her skin. Her hands burn with every step she takes along the Hudson, and the only thing she can think about is him. The wind pierces the skin, she whispers to herself. It's March, but there's still snow from the last storm. "Violeta," she hears amidst the wailing of the wind. Last night, the waves and the white moon. The massive river never ceases to amaze her. It's March, but the trees are still bare.

Soledades

Se distrae pensando en el desayuno de esa mañana, matzo brei hecho en casa con mermelada de naranja, ambarina, dulce y amarga; oye el silbato del tren que pasa frente al edificio de apartamentos donde vive. Nueva York, esa ciudad maldita, llena de puentes metálicos, donde la soledad, ha descubierto, se siente más profundamente. Una soledad genética, que empieza a entender, es herencia de su madre. Otra vez el tren que lleva y trae la más profunda de las soledades.

Loneliness

She's distracted by thoughts of that morning's breakfast, home-made matzo brei with amber-colored orange marmalade, both sweet and tart. She hears the whistle of the train passing in front of the apartment building where she lives. New York, that accursed city, full of metal bridges, where loneliness, she has discovered, is felt more deeply. A genetic loneliness, she begins to understand, she inherited from her mother. Once again, the train, going back and forth, transporting the most profound loneliness.

43

En la oscuridad de la noche sentí la sangre caliente escurrirse hasta los ojos, dolor de cabeza. De pronto me di cuenta que estaba encima de cuerpos inmóviles, me dio miedo, aullidos sordos, gemidos de animal herido, silencio. Las estrellas brillaban como nunca en el cielo. Me despertó el zumbido de moscas, unas pegadas a mi cuerpo, otras en mi boca. El olor era insoportable, el sol quemaba, mis 42 compañeros estaban junto a mí, la mayoría debajo de mí. Vomité una combinación de bilis, sangre y moscas. "Soy de Ayotzinapa", pensé, soy estudiante normalista, soy el 43.

43

In the darkness of the night, I felt warm blood trickling toward my eyes; my head ached. I had the sudden realization that I was on top of motionless bodies; it frightened me. Muffled cries, whimpers of a wounded animal, silence. The stars in the heavens were shining like never before. Buzzing flies woke me, some clinging to my body, others in my mouth. The stench was unbearable, the sun scorching, my 42 classmates alongside me, most of them beneath me. I vomited a combination of bile, blood, and flies. "I'm from Ayotzinapa," I thought. I'm a normalista, I am the 43.

Marzo

Es marzo. La niebla entra por el lado norte del Hudson, todo cambió dentro de Violeta. Deja de escribir por un momento. Otro tren está llegando a la estación, se ha llevado la niebla consigo. Se levanta por el último pedazo del matzo brei que envolvió en papel celofán, le pone un poco de sal, lo muerde, la suavidad le invade la boca y los cristales de sal le golpean el paladar. Piensa en su madre y en la madre de Golda, piensa en las recetas que de niña aprendió con sólo observarla. Recuerda una vez más lo que Golda le dijo en la mañana: "la única receta que me enseñó mi madre fue ésta, matzo brei". Su madre que prefería los choques eléctricos—a las agujas o a una simple receta médica—porque eran más rimbombantes, exóticos y de los cuales podía quejarse más abiertamente. Su madre que juraba y la última palabra que salió de la boca de su tercer marido, antes de morir, fue su nombre. Su madre, que sólo le había enseñado la receta que compartió con Violeta esa mañana. Golda tenía planeado compartirla con ella, como si fuera su hija. Violeta lo sintió como una caricia. Ella va y viene a Nueva York, su otra casa. Un barco alargado se desliza en el Hudson, se detiene a verlo, el color rojo y amarillo sobre negro le atrae, contrasta contra la naturaleza dormida en los acantilados del otro lado del río: ramas secas. El dolor en el pecho está desapareciendo, ya no piensa en él, por lo menos eso quiere creer.

March

It's March. The fog rises to the north of the Hudson. Everything within Violeta has changed. She stops writing for a moment. Another train is arriving at the station, bringing the fog along with it. She gets up for the last piece of matzo brei, which she had wrapped in cellophane, sprinkles some salt on it, and takes a bite. Her mouth is invaded by the smooth texture, and the salt crystals strike her palate. She thinks about her mother and about Golda's mother, she thinks about the recipes she learned as a child just by watching her. She remembers once again what Golda told her that morning: "the only recipe my mother taught me was this one, matzo brei." Her mother, who preferred electric shocks to needles or a simple medical prescription, because they were more dramatic, more exotic, and she could complain about them more openly. Her mother who swore freely, and the last word that left the mouth of her third husband, before he died, was her name. Her mother, who only taught her the recipe that she shared with Violeta that morning. Golda planned on sharing it with her, as if she were her daughter. It felt like a caress to Violeta. She comes and goes to New York, her other home. A long boat slips into the Hudson, she stops to see it, the red and yellow colors over the black draw her in, contrasting with the nature that's sleeping on the cliffs on the other side of the river: dry branches. The pain in her chest is disappearing, she no longer thinks about him, at least that's what she wants to believe.

Nuestros niños

Si es uno, diez mil o mil quinientos los perdidos, el dolor es el mismo, la indignación aún mayor. No hay canciones de cuna a quien susurrar por las noches, las camas están vacías. Ni a quien cobijar en las tardes frías, las casas están incompletas. No hay fuego en el hogar. Una generación adolorida. No hay cuerpos que abrazar. Niño mío, en la oscuridad te vislumbro. Niña mía, en las garras de la maldad estás. ¿Cómo alcanzar tus pequeñas manos? ¿Cómo calmar tu sed? ¿Cómo sentir tu aroma? ¿Cómo escuchar tu dulce voz? ¿Quién consolará tu hermosa alma? ¿Tendrás qué comer? ¿Quién dirá tu nombre con ternura? ¿Quién rezará por ti con amor? Y, ¿en las noches de tormenta? Niño mío, niña mía, ¿cómo sabrás que sigo junto a ti?

Our Sons and Daughters

Whether it's one, ten thousand, or fifteen hundred who are lost, the pain is still the same, the indignation even greater. There's no one to listen to lullabies at night, the beds are all empty. No one to tuck in on cold evenings, the homes are still bare. There's no warmth in the house, no fire in the hearth. A generation full of pain. No bodies to embrace. My son, through the darkness, I see you. My daughter, in the grasp of evil, you remain. How am I to reach your little hands? How can I quench your thirst? Sense your sweet aroma? Hear your darling voice? Who will soothe your precious soul? Is there food enough to eat? Who will say your name with true affection? Who will pray for you with love? And when the night is stormy, my son, my daughter, how will you know I am still by your side?

Falsa alarma

Anoche la despertó la alarma contra incendios. Se quedó dormida en el sofá turquesa, de terciopelo brillante, entre suaves cojines, mientras leía un libro de poesía. Le fascinaba ver las olas densas que se formaban en el Hudson y la luna llena, espléndida, de un plateado blanco, gélido. El sonido cesó, era una falsa alarma que emitía chillidos rojos y que había despertado a medio edificio. Otra vez el tren. Se ha ido y con este un suspiro profundo. La luna sobre el Hudson la llama. Ya no podía dormir, decidió continuar su lectura pero se distrajo pensando en esa mañana: en la terrible soledad, en lo que había escrito sobre los jóvenes desaparecidos en México, sobre la cancelación del TPS, la separación de familias y en las recetas que compartieron ella y Golda. Se levantó y fue directo a la computadora. Releyó lo que había escrito. "La luz de la pantalla y de la luna son similares", pensó, blancas, heladas, penetrantes. Sin darse cuenta se quedó dormida.

False Alarm

Last night, the fire alarm awoke her. She drifted off between soft cushions on the shiny turquoise velvet sofa, while reading a book of poetry. She was fascinated by the dense waves that were forming on the Hudson and by the full moon, icy, splendid, silvery white. The noise stopped. It was a false alarm that emitted red shrieks and woke half the building. Once again, the train. It has gone away and, with it, a deep sigh. The moon over the Hudson summons her. She couldn't sleep any more so she decided to continue reading, but she got distracted thinking about that morning: about that terrible loneliness, about what she had written regarding the students who had disappeared in Mexico, about the cancellation of TPS, the separation of families, and the recipes that she and Golda shared. She got up and went straight to the computer. She reread what she had written. "The light from the screen and from the moon are similar," she thought: white, cold, penetrating. She drifted off without even realizing it.

Las guerras

Violeta recordó lo importante de su vida. Pensó en el mar, en las guerras de las que habían escapado muchos de sus amigos o de las que nunca salieron vivos; pensó en la otra guerra, la interna, la personal, la que no la dejaba respirar ni seguir viviendo y se preguntó qué era lo que la detenía. ¿Dónde estaba la violencia contenida? Pensó en la soledad que siempre la acompañaba, lo incompleta que se sentía pero que había sabido disimular, hasta incluso engañarse a sí misma. La violencia concentrada en su cuerpo que la había hecho buscar los hombres más agresivos. Encuentros con los que ahora pensaba eran los hombres más despreciables, expertos manipuladores. Se preguntaba, tratando de desenredar el rompecabezas, dónde lo había aprendido y, con gran dolor, supo la respuesta: de su padre, el peor de todos.

The Wars

Violeta remembered what was important about her life. She thought about the sea, about the wars many of her friends managed to escape and the ones no one survived. She thought about the other war, the internal, personal one, the war that did not let her breathe or go on living, and she asked herself what was holding her back. Where was the violence contained? She thought about the loneliness that always accompanied her, how incomplete she felt even though she knew how to conceal it, to the point of even deceiving herself. The violence engrained in her body that made her seek out the most aggressive men. Encounters with men who, she now realized, were despicable, expert manipulators. She asked herself, trying to sort out the puzzle, where she had learned it, and with great pain, she realized the answer: from her father, the worst of them all.

El peor de todos

Era adolescente y se acordaba cuando Benjamín le reclamó a su padre sobre su novia. Ese hombre bajo de estatura no se percató que Violeta era su hija. Recordó otra ocasión cuando vio a su padre con su amante de años, Ludivina. Él de espaldas, en la puerta del edificio donde tenía su apartamento, el auto de ella con la cajuela abierta, ella de cabello canoso, recogido, y Violeta, más por molestarla, le tapó los ojos a su padre. Le dijo, "adivina quién soy" porque sabía que ella no la reconocería. Sintió la fuerza con la que la tomó por las muñecas, casi como si quisiera aventarla al suelo, como lo hizo en muchas ocasiones con su madre. Recordó también a la mujer morena con un afro enorme, esbelta, guapa que la fue a buscar a su clase de la tarde. Se sentó frente a Violeta y empezó a murmurar su nombre. Violeta sintió miedo. Sabía que la buscaba a ella pero no entendía por qué. Era sólo una niña en clase de lengua extranjera, sin deberlas ni temerlas a nadie. No pasó nada aunque Violeta no dejó de temblar hasta quedarse dormida. Años más tarde lo comprendió todo. Fue un día, después de una rueda de prensa, que una mujer de la nada se disculpó con ella. Era prima de la del afro enorme. La mujer seguía disculpándose porque le mataba la culpa. Sabía de Violeta por el incidente de hacía muchos años. De pronto sintió miedo, se sintió desprotegida y comenzó a temblar descontroladamente.

The Worst of Them All

She was a teenager and remembered when Benjamín, that short man, complained about his girlfriend to her father without ever realizing that Violeta was the other man's daughter. She remembered another time when she saw her father with his long-term mistress, Ludivina. Her father in the doorway to his apartment building, his back turned, the trunk of Ludivina's car open, her hair, gray, tied back, and Violeta, mostly to bother Ludivina, covered her father's eyes. She said "guess who?" because she knew Ludivina wouldn't recognize her. She felt the force with which he took her by the wrists, almost as if he wanted to throw her to the ground the way he had often done to her mother. She also remembered the dark-skinned woman with an enormous afro, slim, beautiful, who went looking for her in class one afternoon. She sat down in front of Violeta and began whispering her name. Violeta was frightened. She knew the woman was looking for her but didn't understand why. She was only a girl in a foreign language class, it had nothing to do with her. Nothing happened, but Violeta couldn't stop trembling until she fell asleep. She understood everything many years later after a press conference when a woman apologized to her out of the blue. She was the cousin of the woman with the enormous afro, and she kept apologizing because the feeling of guilt was killing her. She knew about Violeta from the incident all those years earlier. Violeta suddenly became frightened, she felt vulnerable and began to tremble uncontrollably.

El violinista

La tragedia del abuelo de Violeta fue que nunca pudo salir del closet. Violeta lo dedujo cuando su tía Berta le empezó a contar de la familia y le dijo, después de sobre enfatizar cuánto había querido el abuelo a la abuela, que cuando su mejor amigo murió—con quien iba a todas partes y nunca se separaban—se volvió alcohólico y no hubo manera de ayudarlo. Que se ensombreció y la tristeza lo sobrecogió. Que por el alcoholismo la abuela decidió dejarlo, divorciarse. Que por eso el abuelo había acabado en la calle. Violeta sabía que el abuelo lo había perdido todo, que pidió en efectivo su herencia y se la bebió en alcohol. Nunca hubo rumores de otras mujeres; lo que sí hubo fue el rumor de por lo menos un par de amantes de parte de su abuela, el tío Andrés, el que ella conoció. A Violeta le gustaba más la historia que le había contado su abuela. Que era un gran bailarín, que se conocieron en los bailes que organizaba el casino. Que era un gran músico y le llevaba serenatas con un piano montado en un camión de redilas. El abuelo al violín, su inseparable amigo al cello. Que era muy romántico. Que lo mejor era cuando ella estaba embarazada, se ponía feliz, la adoraba, le cumplía todos sus caprichos. Le llevaba flores todos los días. El abuelo y su amigo le cocinaban todos sus antojos. La mimaban tanto.

The Violinist

The tragedy of Violeta's grandfather was that he was never able to come out of the closet. Violeta figured it out when her Aunt Berta started sharing stories about the family. She told her, after overemphasizing how much her grandfather loved her grandmother, about how, after the death of his best friend—the person with whom he would go everywhere and with whom he was joined at the hip—he became an alcoholic and there was no way to help him. How he was filled with sorrow, and the sadness overwhelmed him. How, because of his alcoholism, her grandmother decided to leave him, get divorced. How that left him on the streets. Violeta knew that her grandfather had lost everything, that he had asked for his inheritance in cash and drank it away in alcohol. There were never any rumors about other women, but there was a rumor that her grandmother had at least a couple of lovers, like Uncle Andrés, whom Violeta had met. Violeta preferred the stories that her grandmother told her. That her grandfather was a great dancer, that they had met at the dances hosted by the casino. That he was a talented musician and would serenade her with a piano on top of a pickup truck. Her grandfather on the violin, his inseparable friend on the cello. That he was very romantic. That the best part was when she was pregnant, he was so happy, he worshipped her, catered to her every whim. He would bring her flowers every day. Her grandfather and his friend cooked her everything she was craving. They took such good care of her.

Sísifo

Violeta recordó la última pelea que tuvo con Pedro. Fue ella la que explotó. Se le acumularon tanto la situación política del país, el trabajo que siempre tenía en exageración y una serie de dudas e inseguridades que no podía creer la estaban asaltando. Pensó en Sísifo, en Camus, luego otra vez en la imagen de un moverse sin razón, ir y venir sin lograr nada. La piedra, la estúpida piedra que empujaba y soltaba, todo, una y otra vez, una y otra vez. Se sentía atrapada, daba vueltas sin llegar a ningún lado. Treinta años de estar con el mismo hombre la empezó a ahogar de pronto. Sintió una furia que nunca había sentido. Necesitaba cambiar esa energía negativa que la estaba asfixiando. Su vida sin dirección. Sentía que se movía de acá para allá como una tonta, the fool, pensó, era su arcano. Luego empezó a llorar sin poder controlarse. Pedro la dejó sacar todo eso que la acongojaba. Conocía muy bien la niñez tan violenta en la que Violeta había crecido.

Sisyphus

Violeta remembered the last fight she had with Pedro. She was the one who lost her temper. She was so overwhelmed by the country's political situation, the workload that never seemed to come to an end, and a series of doubts and insecurities that she couldn't believe were engulfing her. She thought about Sisyphus, about Camus, then again about the image of movement with no purpose, going back and forth without accomplishing anything. The boulder, that stupid boulder that she kept pushing up and letting go of, all of it, over and over, again and again. She felt trapped, going in circles without getting anywhere. Thirty years of being with the same man felt suddenly stifling. She felt rage that she had never felt before. She needed to change the negative energy that was suffocating her. Her life with no direction. She felt like she was moving back and forth like an idiot, The Fool, she thought, that was her arcana. Then she began to cry without being able to contain herself. Pedro let her cry out everything that was weighing on her. He was well aware of the violent childhood in which Violeta had grown up.

El reloj

El reloj de pared nunca le gustó. Se le hacía demasiado para una casa tan sencilla. Era grande, de madera para una esquina. Su sonido la enclaustraba, le golpeaba el tímpano. Resonaba en todo su cuerpo, no dejaba de sentirlo como un recordatorio de su encierro. Violeta atada, Violeta encadenada, Violeta sola. Sin nada ni nadie. Ese maldito reloj con sus seudo campanadas le recordaba que no se podía ir. Hace un minuto sonó y ni cuenta se dio. Hoy, que va a escribir sobre el reloj, no puede escuchar las campanadas, se le escapan, se esconden, se van, se esfuman. Le huyen como todo lo masculino en su vida.

The Clock

She had never liked the clock on the wall. She thought it was too much for such a simple house. It was big, a corner piece, made out of wood. Its sound cloistered her; it struck her eardrums. It resonated through her whole body, feeling like a continuous reminder of her confinement. Violeta constrained, Violeta enchained, Violeta alone. Without anything or anyone. That damn clock with its pseudo chimes, it reminded her that she couldn't leave. It had chimed a minute ago, and she didn't even realize. Today, when she's going to write about the clock, she can't hear the way it sounds, it slips away from her, it hides, it goes away, it vanishes. It abandons her like everything else that is masculine in her life.

No es un sueño

No es un sueño. Otra vez el pasillo interminable. Luces al lado de cada puerta, amarillas y brillantes. Violeta camina hacia el final. Las paredes verdes, verde casi pistache y la alfombra gris con esporádicos tapetes en algunas de las puertas de los apartamentos. Los anuncios rojos que marcan las salidas de emergencia. Camina y un penetrante olor, que no logra identificar, le golpea la garganta, haciéndosela sentir picante. Otra vez el pasillo interminable y las luces brillantes. Su andar es absorbido por esa alfombra gris. No es un sueño. Es la monótona realidad. La algidez con la que el tren llega a la estación se magnifica en sus oídos. Intensifica la ya gélida soledad de Nueva York: sueño roto, calles sucias y cielos grises con aire que lacera la piel.

This Is Not a Dream

This is not a dream. Once again, the endless hallway. Lights beside each door, bright, yellow. Violeta walks toward the end. Green walls, almost pistachio green, and the gray carpet with rugs strewn sporadically in the doorways of some apartments. The red signs marking the emergency exits. She moves forward and a penetrating odor that she is unable to identify strikes her throat, making it feel scratchy. Once again, the endless hallway and the bright lights. Her footsteps are absorbed by the gray carpet. This is not a dream. It's monotonous reality. The decisiveness with which the train arrives at the station is heightened in her ears. It intensifies the already icy loneliness of New York: broken dreams, dirty streets, and gray skies with air that lacerates the skin.

Corta la piel una vez más

Me dijiste que sólo disfrutáramos nuestros cuerpos sin ningún compromiso. Qué fácil para alguien que no tenía nada que perder. No supiste celebrar mi ofrenda. Mi altar destruido se colmó de flores secas. No supiste disfrutar de la pasión contenida en las letras que escribí con sangre saturada de tu semilla que impregnó mi cuerpo. Esta mañana te leo con el sigiloso frío que cala las letras.

It Pierces the Skin One More Time

You told me we should just enjoy our bodies without commitment. How easy that is for someone who had nothing to lose. You couldn't figure out how to honor my offering. My destroyed altar was overflowing with dried flowers. You couldn't figure out how to enjoy the passion contained in the words I wrote with blood saturated with your seed that impregnated my body. I'm reading you this morning, my words drenched in stealthy indifference.

La niebla

Poemas sin ritmo, pensamientos caóticos. No hay ternura, sólo agua. No hay sentimientos, sólo desencanto. Nunca pedí eternidad sino días intensos de creatividad. Letras líquidas que se enterraran en los pensamientos más rebeldes, donde la niebla encontrara un bosque lujurioso que hiciera fluir el agua. Agua en la niebla, niebla, niebla.

The Fog

Poems without rhythm, chaotic thoughts. There is no tenderness, only water. There are no emotions, only disillusion. I never asked for eternity, only days of intense creativity, liquid words that could be buried in the most rebellious of thoughts, where the fog could find a decadent forest that would make the water flow. Water in the fog, fog . . . fog.

La pesadilla

Todo es doloroso. Hasta la luz que entra por la ventana del lado este. La que está frente a Violeta y le ilumina de golpe la cara. Un golpe áureo en la cara. Lo que pudo haber sido una vida llena de amor, se convirtió en una pesadilla. Los planes de pasarlo juntos se esfumaron de la nada. La habitación con vista a ese lugar milenario, que él le había sugerido, con atardeceres que exploran en tonos azules y malvas se han disipado. De las caminatas, que ella imaginó, tomados de la mano con un beso furtivo de vez en cuando, tampoco queda nada. El eco de sus solitarios pasos, como siempre, sola, con un libro bajo el brazo, una libreta para notas, una pluma con tinta negra. No, con tinta indeleble como esta pesadilla.

The Nightmare

Everything is painful. Even the light from the east streaming through the window. It's in front of Violeta and suddenly illuminates her face. A golden blow to the face. What could have been a life full of love turned into a nightmare. Their plans of being together vanished just like that. The room with a view of that ancient place, which he had suggested, with sunsets they explore in blue and mauve tones, all of that has dissipated. Nothing remains of the walks she imagined, holding hands while kissing furtively from time to time. The echo of her solitary steps, alone like always, with a book under her arm, a journal for notes, a pen with black ink. No, with ink that is indelible, just like this nightmare.

La pérdida

Los grupos racistas se estaban organizando y cada día el peso de su energía negativa se sentía más. Era una pena, un peligro. No hay nada peor que la ignorancia, escribía Violeta pero se equivocaba, todavía había algo peor, la maldad disfrazada de ignorancia para estratégicamente, y aparentando hacerlo por pura ignorancia, causar el mayor daño posible. La gente que se aburre por tenerlo todo, pequeños monstruos que en lugar de ser creativos ponen en práctica sus juegos en los otros, sus manipulaciones. Poco a poco la maldad escala, el victimario prueba la resistencia de la víctima, el sadismo le divierte, lo distrae. Luego engaña con tentaciones, el placer, el deseo, la compañía eterna. Ubica los puntos débiles y los alimenta para crear una dependencia como si fuera una droga. Sólo los más sádicos se excitan con la violencia. Hay que estar enfermo para disfrutar de la vida de esta manera. Pero se desea lo que no se puede tener. A Violeta la había perdido hacía ya mucho tiempo.

Loss

The racist groups were organizing, and the weight of their negative energy was felt more strongly every day. It was heartbreaking, a threat. There's nothing worse than ignorance, Violeta wrote, but she was wrong, there was something even worse, evil disguised as ignorance, strategically planned to cause as much damage as possible while pretending to act unawares. People who become bored because they have it all, little monsters who, instead of being creative, practice their games, their manipulations on other people. Little by little, evil escalates, the perpetrator tests the endurance of his victim, sadism amuses him, it's a distraction. Then he deceives with temptations, pleasure, desire, everlasting companionship. He detects weak spots and nurtures them to create dependence as if it were a drug. Only the most sadistic people are excited by violence. You've got to be sick to enjoy life in that way. But people want what they cannot have. Violeta lost her urge for violence a long time ago.

Sigue moviéndote

Es muy fácil proyectar los miedos propios en el otro y después culparlo, continuó escribiendo Violeta. Falta de acción es tu reclamo, cuando ni siquiera fuiste capaz de decirme te quiero. Mírate en el espejo, pequeño bufón. Tu carisma ya no me engaña. Lo hiciste antes. Sigue creyendo que no me amas. Sigue moviéndote como Sísifo: sube y baja, baja y sube, sube y baja, baja y sube, sube y baja, baja y sube para la eternidad. Ya Camus lo había dicho antes.

Keep Moving

It's very easy to project our fears onto others and then blame them, Violeta continued writing. *A lack of action is your strategy, when you were never even capable of telling me you love me. Look at yourself in the mirror, you fool. Your charisma no longer deceives me. You've done it before. Go ahead and try to believe you don't love me. Keep moving like Sisyphus: up and down, down and up, up and down, down and up, up and down, down and up for all eternity. This is a story Camus has already told us.*

El shopping mall

Caminó con la luz del atardecer hacia el edificio de ladrillos rojos. Los árboles que la rodeaban tenían florecillas rosadas que culminaban en ramilletes y contrastaban con el verde de las hojas. El crepúsculo se tornó ámbar. Se detuvo por un instante a observar la caída del sol. Aspiró la atmósfera y, a pesar de la temperatura perfecta, le dio frío. Dio unos pasos más y entró en la antigua plaza de toros, hoy convertida en shopping mall. En las escaleras eléctricas que descendían pensó en Roma, el coliseo. Recordó cómo los romanos dejaron huella en los ritos taurinos. Oyó las voces de la gente rugiendo como toros encolerizados. El corazón se le aceleró al recordarlo, al pensar que pudieron haber estado juntos. Cerró los ojos. Respiró profundamente y con cada exhalación se fue calmando. Sintió un calor reconfortante en el corazón. Su corazón destrozado se llenó de ambarina luz. Se desplazó hasta el centro de lo que había sido la plaza de toros de 1892 en Lisboa. Sintió cómo una fulgurante espada puntiaguda se le ensartaba en la espalda.

The Shopping Center

The evening light accompanied her as she made her way toward the red brick building. The trees that surrounded her had little pink flowers that culminated in bouquets that contrasted with the green leaves. The twilight turned amber-colored. She paused for a moment to observe the sunset. She inhaled deeply and, despite the perfect temperature, she felt cold. She took a few more steps and entered the ancient bullfighting ring, now turned into a shopping center. As the escalator was going down, she thought about Rome, the Colosseum. She recalled how the Romans left their mark on bullfighting rituals. She heard the voices of the people roaring like enraged bulls. Her heart accelerated as she remembered it, thinking that they could have been together. She closed her eyes. She breathed deeply and felt calmer with each exhalation. She felt a comforting warmth in her heart that had been shattered and was now filling with amber light. She walked to the center of what had been Lisbon's bullfighting ring in 1892 and felt how a sharp sword swiftly pierced her back.

Lisboa y el mar

¿Cuántos poemas se han escrito frente a estas dos columnas que llevan al mar? Escribió Violeta. La piedra rosada lleva su historia, la historia de hace cuatro años, de hace cuatro siglos mientras los amantes se besan despreocupadamente. La sangre de la tierra fluye al tiempo que las caricias se vuelven violentas y un remolino arrasa con el deseo. La canción del olvido se borda en su historia. Se desvanece lo que queda: suspiros, una mano que apenas toca la otra. No queda nada ni la sangre cargada de dolor.

Lisbon and the Sea

How many poems have been written in front of these two columns that lead to the sea?, wrote Violeta. The pink stone contains its own story, the story of four years ago, of four centuries ago, while lovers kiss without a care in the world. The blood of the earth flows while caresses become violent and a whirlwind turns destructive with desire. The song of forgetting is embroidered upon its history. That which remains is fading: the sighs, one hand that barely touches the other. Nothing remains, not even blood laden with pain.

El ciego

En las calles empedradas de Lisboa el aroma a café se percibe en la atmósfera. Entre altos edificios rojos y azules con calles angostas, un par de francesas, protegidas por la sombra, imagina el sabor del bacalao. Testigo del tiempo, níveo empedrado, cuadros caminados por la vida. Un ciego anda como rey en la calle vacía con su bastón blanco, hace fastuoso ruido al avanzar.

The Blind Man

A strong scent of coffee lingers in the air on Lisbon's cobblestone streets. Between tall red and blue buildings on narrow streets, a couple of young women from France, protected by the shade, imagine the taste of bacalhau. A witness of time, snow-white street tiles, city blocks walked by life. A blind man with his white cane strolls like a king down the vacant street, making regal sounds as he advances.

El Castelo de São Jorge

Otra vez la música. Le arde el tímpano cuando las ondas se acercan. El Castelo de São Jorge retumba. Un haz de nacarada espuma brota en la mente. Violeta vibra bajo el centenario pino. Los pavos reales, los helicópteros y el mar azul compiten por su atención. En el inamovible mar fluyen las líquidas palabras. Se mecen en su boca.

The Castle of São Jorge

Once again, the music. Her eardrums burn when the waves come crashing to shore. The Castle of São Jorge reverberates. A beam of pearly foam comes to mind. Violeta vibrates to the beat beneath the centennial pine. The peacocks, the helicopters, and the blue sea all compete for her attention. The words, liquid, flow on placid waters. They sway back and forth in her mouth.

Los pavos reales

Azul marino su pecho. Majestuosas aves. Un llamado salvaje desde las más altas ramas. Trepados llamaban a su hembra. Ellas ausentes, ellas lejanas, ellas desnudas esperaban en el mar. Nacidas de Venus, nacidas de la espuma. Veía sus picos, veía las plumas, machos aullantes, emplumados, encrespados, desesperados.

Peacocks

Their chests, navy blue. Majestic birds. A wild call from the upper branches. Perched on high, the males call their mates. The females—absent, distant, naked—waiting by the sea. Born of Venus, born of sea foam. She saw their beaks, she saw their feathers, squawking males, all done up, their tails displayed, desperate.

El tobillo

Me caí dormida. Me rompí el tobillo en las escaleras. No vi el último peldaño. Soñaba con un camino pedregoso donde al final te encontraría. Paralelamente soñaba que bajaba las escaleras donde me tropecé y nunca llegaste. Mi tobillo desprendido del resto de la pierna, sin sangre, con mucho dolor. Pasaron los días y yo seguía en el descanso de la escalera que soñaba. Una lagartija salió de entre los peldaños que soñaba. Se llevó mi tobillo.

My Ankle

I fell asleep and broke my ankle on the stairs. I didn't see the last step. I was dreaming about a rocky path where I would find you in the end. At the same time, I dreamt I was going down the stairs where I tripped and you never came. My ankle, detached from the rest of my leg, bloodless but painful. Days passed, and I was still on the landing of the stairs I was dreaming. A lizard came out from between the steps I was dreaming. It made off with my ankle.

El fado

“Se tiene que nacer fadista para mostrar lo que hay dentro del alma”. Denominación de origen. El sentir portugués: fuego líquido que rasga el pecho. Interpretación que penetra el corazón del otro en las calles de Lisboa. Los poemas que se escuchan, que se ven en la Alfama. Las calles empedradas con un sentir transformado en música. La boca llena de ti.

O Fado

"You have to be born a fado singer to reveal what's inside your soul." Certificate of authenticity. That Portuguese feeling: liquid fire that rends the chest. Interpretation that penetrates the hearts of other people on the streets of Lisbon. Poems that are heard, are seen around Alfama. The streets are paved with a feeling that becomes music. My voice is filled with you.

La nereida

Si yo viviera en este museo también sería azulejo. Una nereida delineada en la superficie con la cola larga enterrada en la espuma. Si esta fuera mi casa sería de color azul sin duda. Con los senos repletos derramando agua, vida de mi vientre. Si yo fuera diseño en la superficie de barro, sería remolino de viento grabado para la eternidad. Descanso en el claustro pequeño, dibujando palabras, imaginando colores en la página. Recogiendo sonidos para mi colección particular. Si yo fuera azulejo, también viviría en esta casa, con el sexo hinchado, esperándote.

The Nereid

If I lived in this museum, I would be an azulejo tile as well. A nereid outlined on the surface with her long tail buried in foam. If this were my house, I would undoubtedly be blue. With full breasts spilling water, life from my womb. If I were a design on the clay surface, I would be a whirlwind engraved for all eternity. I rest in the small cloister, drawing words, imagining colors on the page. Gathering sounds for my private collection. If I were an azulejo tile, I would live in this house as well, waiting for you, disrobed and aroused.

Brillante

Te soñé desnudo. Es la primera vez que recuerdo haberte visto en sueños. Desnudo como unicornio listo para embestir. Primero vi tu sombra, bailabas. Me acerqué con cautela para no interrumpir tus movimientos. Tu sombra proyectada en la puerta de madera, luz ambarina bañaba tu cuerpo. Me fui acercando, me descubriste, te molestaste. Te paraste en seco, erguido frente a mí, con el sexo duro. Cubierto en oro. Brillante. Con la cabeza hinchada. Lista para explotar. Te detuviste. Repentinamente. Te. Soñé. Desnudo. Bailando. Pa ra. Mí.

Brilliant

I dreamt you naked. It's the first time I remember seeing you in my dreams. Naked like a unicorn ready to charge. First, I saw your shadow, you were dancing. I approached you cautiously, so as to not interrupt your movements. Your shadow was projected on the wooden door, your body immersed in amber light. I inched closer, you caught sight of me, you got upset. You stopped short, erect in front of me, your sex standing tall. Covered in gold. Brilliant. The head swollen. Ready to explode. You paused. Suddenly. I. Dreamt. You. Naked. Dancing. Just. For. Me.

El poeta

Bronceado por los años Pessoa la recibió en silencio. Más allá los arcos góticos del Carmen la acompañan esta tarde. Lisboa de pasos blancos, de piedras que guardaron el eco de sus palabras. Sentado en un café, le señaló el camino. Recordó su mirada de asombro al descubrir la ciudad. El sombrero ha caído al suelo. Como fotografía en sepia quedó grabada su figura en los recuerdos de Violeta.

The Poet

Weathered by the years, Pessoa welcomed her in silence. In the distance, the gothic arches of Carmo Convent accompany her this evening. Lisbon of white steps, of stones that preserved the echo of his words. Seated in a café, he pointed her on her way. He remembered her look of amazement as she discovered the city. His hat has fallen to the ground. Like a sepia-colored photograph, his figure was engraved in Violeta's memories.

Un poco de sol

El paraíso perdido recibió a Violeta en Oporto con azulejos blancos. Sonaban las máquinas de vapor y los desamparados deambulaban en las vías para pedir esperanza y un poco de sol en la sopa. La noche perfecta sin el amante ideal. Los silbatos de los trenes anunciaban la salida y con ésta los recuerdos se desvanecían como humo en la oscuridad. Sus pasos cortaron la noche sin estrellas. En el río los remos cortaron el agua. La densa agua traspasó la soledad.

A Pinch of Sunshine

The lost paradise welcomed Violeta with white azulejo tiles. The steam engines blew their whistles, and the destitute wandered along the tracks, begging for hope and a pinch of sunshine for their soup. The perfect night without an ideal lover. The whistles of the trains announced their departure, and as they left, the memories faded like smoke in the darkness. The sound of their steps pierced the starless night. On the river, the oars pierced the water. The water's density soaked through loneliness.

Pedro

Los muertos apestan. La garganta le empezó a picar después de un rato mientras un niño lloraba desesperadamente. La muerte la rodeaba. Siguió la calle de la Boa Morte, luego la pestilencia. Así debe oler la muerte siempre: a podrido. Había huesos por todos lados, fémures quebrados y malolientes. Cráneos estrellados, astillas por doquier. Se veía todo a través de un cristal colocado en el suelo. Ese niño no paraba de llorar. Pensó que se le había metido un muerto. Seguro fue el de la mandíbula rota, no tenía nombre. Antes de comenzar su llanto dijo que se llamaba Pedro.

Pedro

Dead bodies reek. Her throat began to burn after a while, and a little boy sobbed desperately. Death surrounded her. She followed the Street of Boa Morte, then the stench. Death must always smell like this: like decomposition. Bones were everywhere, broken and foul-smelling femurs, shattered skulls, fragments all around. She could see everything through a windowpane on the floor. The little boy wouldn't stop crying. It occurred to her that he'd been possessed by one of the dead. Probably the guy with the broken jawbone and no name. Before he started crying, he said his name was Pedro.

Soy tuya

El agua la encierra. Las compuertas se sellan y el nivel del agua sube. De la compuerta frontal escurre el líquido vital. Está flanqueada de bombas amarillas y el nivel del agua sigue subiendo a gran velocidad. Ya siente el sol en la espalda. Antes atrapada entre las húmedas sombras sólo el musgo de las paredes laterales se distinguía. Ya corre el agua y pasa como pez, como caballito de mar, delfín rosado que lee los pensamientos mientras el agua fluye tras de Violeta. Jade líquido de este río imaginario, cauce lento que nace del corazón de la tierra. Arterias verdes flanqueadas de árboles nuevos, de esperanza nacida del dolor. Y el río fluye, y ella contracorriente en silencio esmeralda. Sin remolinos, sin obstrucciones, sin temor a evaporarse. ¿Cuáles son los miedos del agua? Si no desaparecer de la piedra y de la memoria. Ser borrada de las páginas, de los libros, de la naturaleza, y ahí está el viento con sus ráfagas de fuego que dejan huella en la piel de la tierra. En la roca y en la sangre. Agua que arde, que se revela. No es la única en este camino de espinas de viento, de espinas en llamas. Fogata nocturna frente al río. Queman los recuerdos de agua, los recuerdos de amor y desprecio. Se desliza en esta agua de jade, densas olas se forman tras de ella. La persiguen los caballos con su fuerza, la muerte le pisa los talones. Muerte roja que traspasa las paredes. La abraza amorosamente, y ve a lo lejos la casa de techos altos donde creció, donde juró dedicarse a ella. Poesía: soy tuya, escribe Violeta. Nace la noche y el crepúsculo llora el último rayo de luz.

I Am Yours

The water surrounds her. The floodgates are sealed, and the water level rises. The vital liquid drains from the front floodgate. She's surrounded by yellow pumps, and the level of the water is still rising very quickly. She feels the sun on her back. Previously trapped among damp shadows, the moss on the side walls was the only thing she could make out. The water is flowing now and passes by like a fish, like a seahorse, a pink dolphin that reads Violeta's thoughts as the water flows behind her. Liquid jade from this imaginary river, slow riverbed rising from the heart of the earth. Green arteries flanked by new trees, by hope born of pain. The river flows, and she resists the current in emerald silence. Without whirlpools, without obstruction, without fear of evaporation. What does water have to fear, if not disappearing from the rock and from memory? Being erased from the pages, from books, from nature, and there's the wind with its burst of fire that leaves a mark on the skin of the earth. On the rock and in the blood. Water that burns, that reveals itself. She's not the only one on this thorny path of wind, of thorns on fire. Nocturnal bonfire by the river. Memories of water, memories of love and disdain burn. She slips into the jade water, dense waves form behind her. Powerful horses chase her, death is at her heels, a red death that soaks through walls. It hugs her so lovingly and sees in the distance the house with high ceilings where she grew up, where she vowed to dedicate herself to it, to Poetry. Poetry: I am yours, writes Violeta. Night is born, and the twilight sobs the final ray of light.

Sopla hacia el sur

Se eleva en silencio para alcanzar los últimos rayos de luz. El cielo vibra ante la noche y teme entregarse ciegamente para perderse entre estrellas y anhelos. Noctámbulos placeres nacidos del fuego. Canta el río con su denso cauce, agua verde que de la montaña se derrama. Entona la canción perdida que fue de ella por un instante, corazón sangrante, no llora, no canta el viento, no ama, no hay aromas nocturnos. Hubo lectores imaginarios, uno, para quien estas palabras fueron escritas y la nube expulsa agua salada, cúmulos ácidos. Otra vez el viento sopla hacia el sur.

It Blows Toward the South

She rises in silence to catch the sun's final rays. The sky trembles before the night, and she fears surrendering blindly and then losing herself among stars and desire. Nocturnal pleasures born of fire. She sings the river and the thick riverbed, green water that spills from the mountain. She intones the lost song that was hers for a moment, bleeding heart, she does not cry, does not sing the wind, does not love, there are no nighttime aromas. There were imaginary readers, one reader, for whom these words were written, and the cloud releases salty water, acid clusters. Once again, the wind blows toward the south.

La voz del amanecer

Los ojos a nivel del agua: ojos de gato, ojos de pez, ojos de araña. Los muros subacuáticos de piedra antigua bloquean por un momento su sentir. Bloquean el agua. Violeta eterna y gélida. Sentimientos de barro que yacen en el fondo de este río oscuro. Galopa la silente voz del amanecer.

The Voice of Dawn

Eyes at water level: eyes of a cat, eyes of a fish, eyes of a spider. Ancient underwater stone walls block her sensations for a moment. They block the water. Violeta, icy and everlasting. Clay sentiments that lie at the depths of this dark river. The silent voice of dawn gallops.

Indeleble rastro

Memoria de un pueblo en los frutos rojos que ofrecen los viñedos. Historia contenida en la pulpa. Racimos de luz emanan de la piel morada. Burbujas de energía violeta. El vino se derrama en la mesa, deja su indeleble rastro en el mantel. Las sonrisas nacen y los olivos tiemblan con el viento. Sonido cristalino entre las hojas grises. Violeta escribe la fugaz historia, memoria líquida, sentimientos verdes de una tarde entre acantilados y peñascos nacidos del agua.

Todo es tan verde, tan amplio, las terrazas se desbordan de uvas nuevas repletas de luz.

Indelible Trace

Memory of a town in the berries offered by the vines. History contained in their pulp. Vinefuls of light emanate from their purple skin. Bubbles of violet energy. Wine spills onto the table, leaving its indelible trace on the tablecloth. Smiles are born, and the olive trees tremble with the wind. Crystalline sound among gray leaves. Violeta writes the fleeting story, liquid memory, green emotions of an afternoon among cliffs and crags born from the water.

Everything is so green, so spacious, the terraces overflow with new grapes brimming with light.

Tablero de luz

Filtrada por las persianas la luz se proyecta en el muro detrás de Violeta. La descubre perpleja. Le subyuga la intermitencia nocturna. Tablero de luz argenta que invoca movimientos de un amor imposible. La inquieta. Inhala recuerdos incompletos, lo fracturado de su alma en pena. Desde el más allá extiende los brazos luminosos. Un sentimiento de paz la acaricia: un efímero toque de amor.

Checkerboard of Light

Filtered by the blinds, light is projected on the wall behind Violeta. It finds her perplexed. The nocturnal flashing captivates her. Checkerboard of silvery light that invokes the movements of an impossible love. It unsettles her. She inhales incomplete memories, shattered pieces of her tormented soul. From the beyond, it extends its luminous arms. A feeling of peace caresses her: an ephemeral touch of love.

Agua de luz

La luz del atardecer otra vez la baña con sus lágrimas ambarinas. La gente grita, habla en voz alta las pérdidas. Una niña levanta el brazo para asegurar su canto. Las paredes dejan salir sus secretos y los diseños azules muestran el viento en sus superficies. Agua de luz, agua repleta de pasión.

Water of Light

The light at dusk bathes her once again with its amber-colored tears. People scream, they express their losses loudly. A girl raises her arm to affirm her song. The walls release their secrets, and the blue designs reveal the wind on their surfaces. Water of light, water overflowing with passion.

La hora de las golondrinas

Lluvia obsidiana en corrientes aéreas con el crepúsculo (~~la hora de las golondrinas~~). Ya el sol se pone y las flores abren sus corolas. Denudan sus invisibles pétalos. La ciudad sin nombre cobra vida con la oscuridad. Las inexistentes niñas corren tras las palomas y su nombre extraviado renace en las aceras

The Time of Swallows

Obsidian rain on aerial currents in the twilight (~~the time of swallows~~). The sun is already setting, and the flowers open their corollas. They drop their invisible petals. The city with no name comes alive with the darkness. Nonexistent girls chase pigeons, and the lost name of the city is reborn on the pavement.

La Rábida

Ha llorado en la Rábida la inconsciencia e ignorancia hacia su sangre. La sala de las banderas, las tierras de los países americanos le han quebrado y sacado lágrimas. Cuánta pérdida, cuánto dolor, cuánta invalidación hacia su pueblo.

La Rábida

She cried in La Rábida for the ignorance and disdain shown her ancestors. The Hall of Flags, the soil from all the countries of the Americas, it shattered her and brought her to tears. So much loss, so much pain, the extent of the destruction of her people.

La espada

En la capilla de la virgen de los milagros la cámara fotográfica se le bloqueó a Violeta. Dejó de funcionar. Pidió que se disolvieran los nudos de violencia que ahí comenzaron. Que se deshicieran los odios y rencores que comenzaron con la intención de evangelizar. La espada, símbolo de la violencia, fue de la mano con la evangelización. Frente a ella la del Almirante de Colón.

The Sword

In the Chapel of the Virgin of Miracles, Violeta's camera froze up. It stopped working. She prayed that the knots of violence that began there would be untangled. That the hatred and resentment that began with the attempt to evangelize would be undone. The sword, symbol of violence, went hand in hand with evangelism. In front of her, the sword belonging to Admiral Christopher Columbus.

Nacimiento

Le dicen el nacimiento de la hispanidad espiritual pero también de la colonización, de la subyugación involuntaria.

The Birthplace

They call it the birthplace of spiritual Hispanidad but also the birthplace of colonization, of involuntary subjugation.

Las carabelas

"Así comenzó todo", se dijo Violeta. Pensó en los barcos negreros que vinieron después de las tres carabelas. Bajó al sótano de una de ellas y le dio mucho miedo. No quería pisar el suelo de la bodega. Sentía el dolor de los esclavos, la pestilencia y las condiciones infrahumanas de lo que vino más tarde. De esa carga humana que injustificadamente llevaron por tantos años. Tenía un gran dolor en el pecho, en los ojos, en los brazos, en la piel. No podía respirar.

The Caravels

"This is how it all began," Violeta told herself. She thought about the slave ships that arrived after the three caravels. She went down to the lower deck of one of the caravels, and it frightened her. She didn't want to set foot in the hold. She felt the pain of the slaves, the pestilence, and the inhuman conditions of what was to follow. The pain of the human cargo that was, indefensibly, transported by those ships for so many years. She felt a terrible pain in her chest, her eyes, her arms, her skin. She couldn't breathe.

Palos de la frontera

Puerto histórico de donde salió Colón, los hermanos Pinzón y los tripulantes de las carabelas a, ahora, América. De ahí del Puerto de Palos. En sus sueños de niñez supuso que algún día estaría en ese punto geográfico. Sentimientos encontrados riñen dentro de Violeta. Lee poesía frente a ese mar imaginar-io. Llora lo que todavía le duele. "Todo cambió para nosotros desde aquí", se dice en voz baja frente a la última toma de agua. Una pregunta se formula en su mente. "¿Qué fue de aquellos indígenas que volvieron con Colón en su primer viaje? ¿Dónde están sus restos? ¿Cuáles eran sus nombres?"

Palos de la Frontera

Historic port from which Columbus, the Pinzón brothers, and the crew of the caravels left for what is now known as the Americas. From right there, the port of Palos de la Frontera. In Violeta's childhood dreams, she imagined she would be at that geographic location one day. Conflicting emotions struggle within her. She reads poetry in front of that imaginary sea. She cries for the things that continue to hurt her. "Everything changed for us starting right here," she murmurs to herself in front of the last water station. A question forms in her mind: "What happened to the indigenous people who returned with Columbus on his first voyage? Where are their remains? What were their names?"

La muerte

La luz apenas penetraba las nubes negras. El piso mojado y reluciente le abrió paso. Ya en el tren notó que la bruma cubría el paisaje que corría como película en blanco y negro. Iba rumbo a Granada. Un libro la esperaba. Obstáculos y más obstáculos. Uno a uno los había librado para tener ese libro. Lo último fue que la rodilla del editor se le había tronado como ramas viejas mientras intentaba cambiar el día y la hora seleccionados por Violeta. El tren hizo una parada brusca. Se partió en dos como ramas viejas. Violeta se cayó del asiento. Lo último que vio fue la pantalla color malva que se quebraba en mil pedazos.

Death

Sunlight barely penetrated the black clouds. She made her way across the shiny wet ground. Once she was on the train, she noticed the haze covering the landscape, which scrolled by like a black and white movie. She was on her way to Granada. A book awaited her. Obstacle after obstacle. She had overcome them one after another to obtain her book. The last obstacle was that the publisher's knee had snapped like an old twig as he tried to change the day and time Violeta had chosen. The train came to an abrupt stop. It snapped in two like an old twig. Violeta fell from her seat. The last thing she saw was the mauve-colored window shade as it shattered into a thousand pieces.

Una lámpara se mecía con el viento

Lo bello de esa pensión era su patio interior con piso de piedras de río y una fuente en el centro. Estaba ahí después de tanto dolor. Nada quedaba mas que el sonido de una puerta que se cerraba. Nada quedó. Ni el trinar de los pájaros de la tarde. Le reconfortaba el aire fresco del atardecer que llenaba ese espacio frío. La pluma seguía escribiendo y la brisa de un manantial acariciaba su espalda. La calle frente a ella estaba vacía. Violeta encontró en sus recuerdos un silbido y una sonrisa olvidada. Otra puerta se abría, voces desconocidas hablaban un idioma incomprensible y caminaban en el empedrado oscuro. Piedra de río de agua imaginaria. La fuente se seca para la eternidad. Los años pesaban en la piedra. Estaba libre de él. Ya no quedaba nada. La vejez se paró en la puerta. Descansaba con lento ritmo. Un repentino trinar empezó su melodía, las aves buscaban su mirada. Una lámpara se mecía con el viento. Las velas se apagaron y con éstas el corazón.

A Lamp Swayed in the Wind

The beauty of that hostel was its inner courtyard with a floor made of river stones and a fountain in the center. She was there after so much suffering. There was nothing left except the sound of a closing door. Nothing remained. Not even the chirping of the birds in the evening. She was comforted by the fresh twilight air that filled the cold space. Her pen continued writing, while the breeze from a natural spring caressed her back. The street before her was empty. In her memories, Violeta discovered a whistle and a forgotten smile. Another door was opening, unknown voices were speaking some incomprehensible language and walking on the dark cobblestones. Stones from the river of imaginary water. The fountain runs dry for all eternity. The years weighed on the stone. She was free of him. There was nothing left. Old age stood in the doorway. It was resting slowly. A sudden melody began chirping, the birds were seeking her gaze. A lamp swayed in the wind. The candles went out and, with them, her heart.

Aixa

Me dices medir el tiempo. Aprender tu música en esta casa tuya
donde caminas junto a mí

Aixa

You tell me to measure time. To learn your music in this house of yours where you walk alongside me.

Amor en llamas

Mucha hembra. La vida en el escenario es para hacerle el amor al público. Se hinchaba con los aplausos, el pecho se le inflamaba y se tocaba los senos. Fuerza hembra y poderosa. Se dejaba llevar por el tablado y la guitarra se rasgaba con sus pasos de lumbre. Era poesía en movimiento, amor en llamas. El público con sus manos la hizo sentir majestuosa, gitana.

Love on Fire

What a woman. Life on the stage is for making love to the audience. She expanded with the applause, her chest swelled up, and she touched her breasts. Powerful womanly strength. She let herself be carried away by the tablao as her fiery steps strummed flamenco on the guitar. She was poetry in motion, love on fire. The applause from the crowd made her feel majestic, a true gypsy.

Su Julio

Le pegó a la pared del estacionamiento a la hora de salir. Casi se llevó el espejo lateral donde Violeta iba sentada. Áviles con sus empedrados de colores. María sólo dijo, "No importa. Se lo he cambiado tantas veces". Antes habían ido al cementerio, un lugar espectacular, decadente, para dejar una rama de madreselva en la tumba del escritor asturiano, Armando Palacio
Valdes. Violeta le leyó un poema y aspiró el amarillo y blanco de las corolas alargadas. La niebla estaba al ras del suelo. La densidad de esa agua blanca las hizo dar vueltas por las montañas. Las salidas se perdían con la espesura. Selva opalescente de agua. Laberinto blanco. Finalmente entraron en Nava. El aroma a sidra invadía las calles. El silencio y la niebla se amalgamaban. Una campanada se oyó a lo lejos al tiempo que un par de palomas se les estrelló en el parabrisas. Sintió frío en el pecho. Un olor a madreselvas les golpeó las fosas nasales. Las tomó por sorpresa. Pensó en Julio a su lado, su Julio frío, sin moverse. Creyó escucharlo decir, "el tiempo, María, el tiempo es pura energía luminosa".

Her Julio

María struck the wall of the parking garage when she was pulling out. It nearly took the mirror off Violeta's side of the car. Avilés with its multi-colored street tiles. María's only response was: "It doesn't matter. I've replaced that mirror so many times." Earlier that day, they'd gone to the cemetery, a spectacular and decadent place, to leave a branch of honeysuckle on the grave of Armando Palacio Valdés, the Asturian writer. Violeta read him a poem and inhaled the yellow and white of the long corollas. The fog reached all the way to the ground. The opaqueness of that white water made them go around in circles in the mountains. The exits were lost within the thick air. Opalescent jungle of water. White labyrinth. Finally, they arrived at Nava. The smell of sidra poured into the streets. The silence and fog blended together. The tolling of a bell was heard in the distance at the same time as a couple of doves crashed into their windshield. She felt a coldness in her chest. The smell of honeysuckle struck their nostrils. It took them by surprise. She thought of Julio by her side, her Julio, cold, unmoving. She thought she heard him say: "Time, María, time is pure luminous energy."

Atenas

Lejos de tu alma. La Acrópolis sin ti con el muro que me aisla del mundo. Protegida de eros y la pasión. Duras columnas sostienen el tiempo. Luminoso beso en la oscuridad. Sonidos vacíos. Atenas sin ti.

Athens

Far from your soul. The Acropolis without you, with the wall that isolates me from the world. Protected from Eros and passion. Strong columns sustain time. A luminous kiss in the darkness. Empty sounds. Athens without you.

Palas Atenea

A Violeta le tomó dos visitas comprender que la ciudad de Atenas era hembra. Honra a Palas Atenea, la diosa de la sabiduría, la justicia y la estrategia que le ganó a Poseidón al sembrar un olivo y se ganó el derecho de que la ciudad llevara su nombre. Con la noche a sus espaldas sigue exudando poesía, frente a ella los caballos del amanecer corren desbocados. Ya los cantos órficos se escuchan y la hija favorita de Zeus, inmaculada, renace de su frente, extiende los brazos. Su santuario se ilumina con el fuego del amanecer.

Pallas Atenea

It took Violeta two visits to understand that the city of Athens was female. It honors Pallas Athena, the goddess of wisdom, justice, and the strategy she used to beat Poseidon by planting an olive tree that won her the right for the city to bear her name. With night at her back, she continues to radiate poetry. Before her, the horses of daybreak run unchecked. The Homeric Hymns are already ringing out, and the immaculate goddess, favorite daughter of Zeus, reborn from his forehead, extends her arms. Her sanctuary is illuminated by the fire of daybreak.

El Templo de Poseidón

El tridente se agita y nace poesía de las densas aguas. Otros poetas han venido antes que yo. La luz crepuscular me invoca. La flexibilidad del tiempo hace diminuta la distancia. Espero por ti. No emerges de las olas ni la espuma, siento tu aroma, la poesía se enreda en las columnas de mármol. Las hojas de las vides llevan tu corazón escrito. El viento se carga de humedad marina, ahí está tu cabellera que flota. Tu pecho desnudo recoge mis letras. Los brazos tatuados de hechizos me envuelven. No naces de las olas. Eres tú, Poseidón, el que se eleva y con la fuerza del fondo del mar me preña.

The Temple of Poseidon

The trident shakes, and poetry is born from the dense waters. Other poets have come before me. The waning light invokes me. The flexibility of time makes distance insignificant. I await you. You do not emerge from the waves or the sea foam, I sense your aroma, poetry entwined around marble columns. The leaves of the vines bear your written heart. The wind is weighted with the humidity of the sea, your mane of hair floating upon it. Your bare chest gathers my words. Your arms, tattooed with enchantments, envelop me. You are not born of the waves. It is you, Poseidon, you who rises up and, with the force of the depths of the sea, you impregnate me.

Letras apócrifas

La última página como ola perdida en el mar antes del tsunami. Lee todo con el agua. Somos poesía en movimiento o páginas extraviadas en la mesa de las casas más antiguas. Las decadentes calles dejan al viento recorrerlas. Viento, trae el agua para que deslaven nuestras huellas, para que las aves olviden nuestro secreto. Secreto que construimos juntos. Que tejiste con tu falsa voz. Con viento y sangre como estas letras apócrifas que no escribo.

Apocryphal Words

The last page like a wave lost at sea before a tsunami. She reads everything with the water. We are poetry in motion or pages lost on the tables of the most ancient houses. Decadent streets allow the wind to pass through them. Wind, bring the water to wash away our tracks, to make the birds forget our secret. The secret we built together. That you wove with your fraudulent voice. With wind and blood like these apocryphal words that I do not write.

Olvidar

Entre notas musicales Violeta llora por la belleza de las palabras escritas. Las que ha sentido grabadas en el papel. Las ha recorrido con sus dedos. Las yemas se adaptaron a ellas. Se detiene. Respira profundo y vuelve a mirar hacia afuera. Un auto blanco avanza y deja anacrónicas líneas como pez fuera del agua de un pasado reciente, de un pasado perfecto. Todo al mismo tiempo, contratiempo de barro, de ojo de la tormenta y dolor de tentáculos de pulpo. ¿Qué ha hecho para que no lo pueda olvidar? Late desenfrenadamente el corazón, salvajes ritmos de animal herido. El silencio los separa y acompaña a cada uno por igual. Borbotones de deseo debajo de la piel que ya no puede sentir. Piel dormida. Laten los corazones sangrantes antes de morir. La juventud derramada en las hambrientas manos se carcajea con ironía.

Forgetting

Amidst musical notes, Violeta cries for the beauty of the written words. The ones she's felt engraved on paper. She's traversed them with her fingers. Her fingertips became accustomed to them. She stops. She takes a deep breath and looks outside again. A white car approaches and leaves anachronistic lines like a fish out of water from a recent past, a perfect past. Everything at the same time, a mishap of mud, of the eye of the storm and the pain of octopus tentacles. What has she done that makes her unable to forget? Her heart pounds uncontrollably, wild rhythms of a wounded animal. Silence separates them and accompanies each of them equally. Desire boiling under the skin that she can no longer feel. Numb. Bleeding hearts beat before they die. Youth, scattered upon hungry hands, roaring with ironic laughter.

Delfos

Oráculo de Delfos, tus secretos desdoblas para mí. Las pitonisas en trance emiten sonidos guturales que otros interpretan como divinas palabras. El trance las mantiene en contacto con los espíritus. Los gases de la tierra penetran sus fosas nasales y el sagrado laurel es mascado. Descansan las mujeres sobre el pasado, el presente y el futuro. Cuántas tragedias predijiste. Cuántos amores perdidos hablaste. Yo inhalo y masco lo sacro. El entusiasmo me invade, hablo nuestra tragedia. Las montañas rugen el dolor de los siglos. Delfos, el agua nace de tus heridas y baña el inexistente camino a tus entrañas. "Conócete a ti mismo" es tu ritmo.

Delphi

Oracle of Delphi, you unfold your secrets for me. The pythonesses emit, from their trance, guttural sounds that others interpret as divine words. The trance keeps them in contact with the spirits. The gases of the earth penetrate their nostrils while they chew the sacred laurel. These women rest upon the past, the present, and the future. You prophesied so many tragedies. You spoke of so many lost loves. I inhale and chew that which is sacred. Eagerness overwhelms me, I speak our tragedy. The mountains roar the pain of centuries. Delphi, water is born from your wounds and bathes the nonexistent path to your essence. "Know yourself" is your life's rhythm.

Abre la boca

El delfín azul a la tierra se entrega. Encuentro donde ofrece al hijo rechazado. Las letras prohibidas nacidas del sol y la luna. Balbucea una canción de amor inalcanzable. Se cubre el rostro para esconder la vergüenza. Apolo abre la boca y lo engulle. Vuelve al vientre líquido para renacer con la tormenta.

He Opens His Mouth

The blue dolphin surrenders to the land. An encounter where he offers up the rejected child. The forbidden words born of the sun and the moon. He stammers a song of unobtainable love, covers his face to hide the shame. Apollo opens his mouth and devours him. He returns to the liquid womb to be reborn with the storm.

De calles de mármol

Lee la sangre y los rayos de sol que nacen de las páginas. El silencio y los sueños en el horizonte tiemblan en el eco del aire. La vida pasa, pasa en silencio y se acuerda de la noche, de los otros que desde lejos vinieron hasta Atenas blanca, de mares abiertos, de delfines azules y árboles de olivo. El viento seca el sudor de su cuerpo, un cuerpo que no es suyo, que hace años perdió. Por la ventana, la pequeña iglesia ortodoxa con sus dorados mosaicos, con la cera de los años sin dejar de derramarse y que, al contacto, quema la piel. Sigue siendo cera líquida. Las gruesas paredes de fe restringida y pensamientos controlados la hacen estremecerse. En Atenas blanca, de calles de mármol, de gaviotas en el aire, no dejan de derramarse ocasionales lágrimas por el amor que pudo haber sido.

With Its Streets of Marble

She reads the blood and the rays of sunshine that are born from the pages. Silence and the dreams on the horizon tremble in the echo of the air. Life continues, it passes in silence, and she remembers the night, remembers the others who traveled to white Athens from afar, remembers the wide oceans, blue dolphins, and olive trees. The breeze dries the sweat from her body, a body that is not hers, that she lost many years ago. Through the window, the small orthodox church with its golden mosaics, with the wax of the years that continues to spill and that burns the flesh upon contact. It is still liquid wax. The thick walls of restricted faith and controlled thoughts make her shudder. In white Athens, with its streets of marble, with seagulls in the air, occasional tears continue to spill for the love that could have been.

Lepanto

Siguió el sol y su dorado lamento cubrió su voz. Ha venido para leer de la locura que los invade cuando alguien está perdido. Pueblo antiguo, Lepanto, un manto turquesa te rodea, el eco de la batalla aún se escucha, un hombre pierde una mano. La luna mora nace mientras el crepúsculo escarlata se torna en noche. Greca oscuridad, llévate la tristeza.

Lepanto

She followed the sun, and its golden lamentation covered her voice. She has come to read about the madness that overwhelms them when someone is lost. Ancient city, Lepanto, a turquoise cloak surrounds you, the echo of the battle is still heard, a man loses his hand. The Moorish moon rises while the scarlet twilight turns to night. Greek darkness, carry the sorrow away.

Los caprichos de la luz

Los caprichos de la luz se imponen en la roca. La historia líquida nos rodea y las voces de las sirenas nos guían en esta travesía sin fin. Ítaca espera. No había ni una sombra en este camino de caracoles y acantilados. Conocíamos el ritmo del viento al penetrar la luz y el silencio ya no existía. Isla sin sombras, sin piel, los dientes de las sirenas enterrados en el arena. Safo, tu voz mezclada con el mar donde tu frío cuerpo nada sin detenerse. La líquida turquesa llena tu cuerpo de luz. El fondo del mar te recibe en su inmensidad. Interpreta la luz del fondo. Canta, Safo, para mí. El viento susurra tu alma. Descubrí tus versos en el agua. Tu voz en las rocas del acantilado. Las sombras colmaron tus pulmones y una copa de vino de tu sangre tocó mis labios. Una solitaria gaviota me recordó tu mano. La que escribe poesía en la luna. Milenaria Safo, aquí dejaste tu cuerpo. Al origen de la vida has vuelto con silencioso dolor. Catártica desilusión. Lágrimas de sal y viento. Safo de las pléyades, de las noches estrelladas, el Mar Iónico deshace tus ojos y tu cabellera azul. Oraculares palabras oscilan con las olas hasta desaparecer. El azul cubre tus senos, Safo, bañados de gélida luz. ¿Dónde estás? Un infierno de placer te hace buscar el último beso. Viajas al más allá para olvidar las caricias nunca consumadas. Tu voz, mezclada con el viento y el agua, sigue susurrando incomprensibles sueños. Sangra dolor desde la roca.

The Whims of Light

The whims of light impose themselves on the rocks. Liquid history surrounds us, and the voices of sirens guide us on this endless journey. Ithaca awaits. There wasn't a single shadow on this trail of conches and cliffs. We came to know the rhythm of the wind piercing the light, and the silence was no more. Island without shadows, without skin, the teeth of sirens buried in the sand. Sappho, your voice mixed with the sea where your cold body swims for all time. Turquoise liquid fills your body with light. The depths of the ocean receive you in its vastness. It interprets the light of the depths. Sing, Sappho, sing for me. The wind whispers your soul. I discovered your verses in the water. Your voice on the rocks of the cliff. Shadows filled your lungs, and a wine glass of your blood touched my lips. A single seagull reminded me of your hand. The one that writes poetry on the moon. Millennial Sappho, this is where you left your body. You returned to the origin of life with silent pain. Cathartic disillusion. Tears of salt and wind. Sappho of the Pleiades, of starry nights, the Ionian Sea dissolving your eyes and your blue hair. Words of the oracle oscillate with the waves until vanishing into oblivion. The blue covers your breasts, Sappho, bathed in icy light. Where are you? An inferno of pleasure makes you seek that last kiss. You travel to the beyond, to forget the caresses never shared. Your voice, mixed with wind and water, continues whispering incomprehensible dreams. Sorrow bleeds from the rocks.

Atrás Ítaca

En forma de delfín azul Apolo nos acompaña paralelamente en este camino de zafiros. El cielo invertido, los dioses bajo el agua. Ígneo sueño, los delfines se incendian, se vuelven bolas de fuego en la concavidad de la noche. Entran y salen del agua. Historia líquida. Islas de memoria verde, de argonautas y cíclopes cubiertos de fuego. Pasa la noche y el acantilado se desmorona. Atrás Ítaca. Quizá nunca vuelva.

Ithaca in the Distance

Apollo, in the form of a blue dolphin, parallels us on this sapphire path. The sky inverted, the gods below water. Igneous dreams, the dolphins catch fire, they become balls of flame in the concavity of the night. They swim in and out of the water. Liquid history. Islands of green memory, of Argonauts and Cyclopes covered in flame. The night passes, and the cliff collapses. Ithaca in the distance. She may never return.

Vida paralela

Mundo de letras, metafórico. Mundo donde la tinta reina, donde los pensamientos quedan plasmados en el papel para la eternidad. Es en este café donde las cosas pasan, los poemas nacen de las mesas, de los vasos, de las tazas. Soy la otra, la que escribe sin parar. Es al tiempo a quien hay que ganar la carrera final. Soy la paralela a la materia, el espacio se desdobla con la noche y se funde en las estrellas. Fundida en la tinta voy. La otra vida la he perdido ya.

Parallel Life

A world of words, metaphorical. A world where ink reigns, where thoughts remain captured on paper for all eternity. Things happen in this café, poems are born from the tables, from glasses, from cups. I am the other woman, the one who writes endlessly. Time is what must be overcome in the final race. I am parallel to matter, space unfolds with the night and melts into the stars. I melt too, into the ink. I've lost the other life already.

Incertidumbre

Los conciertos de Brandenburgo en el aire y tantos niños arrancados de los brazos de sus padres. ¿Cómo ayudarlos? ¿Cómo regresarlos al calor del hogar? Nuestra esperanza arrancada sin piedad. Nuestro futuro enjaulado gime la tristeza de la incertidumbre. El miedo a la oscuridad se expande.

Uncertainty

The Brandenburg Concertos in the air and so many children torn from their parents' arms. How can we help them? How can we return them to the warmth of their homes? Hope stripped from us without mercy. Our caged future wails the sadness of uncertainty. The fear of darkness spreads.

El caos perfecto

Pienso en Salamanca, en Unamuno, el Lazarillo, la Celestina. Pienso en la biblioteca, el astronauta y el rincón donde orinaban los estudiantes; las calles empedradas y el río Tormes. Pienso en Grecia, en el suicidio de Safo, en Palas Atenea, en Lepanto, en la poesía. Siento a México en la piel, el traspatio de la casa de mi madre donde pensaba escribir estas líneas. El verano se acaba, es tiempo de emprender un nuevo viaje. Pienso que nunca dijiste nada. Que proyectaste tus miedos en mí. Que sigues siendo un niño. Vaya proyección y retroalimentación de tus miedos junto con los míos: el caos perfecto. Mejor así, enredados, para que te entretengas un rato y te pongas a escribir.

The Perfect Chaos

I think about Salamanca, about Unamuno, Lazarillo, La Celestina. I think about the library, the astronaut, and the corner where the students would pee; cobblestone streets and the Río Tormes. I think about Greece, about Sappho's suicide, about Pallas Athena, about Lepanto, about poetry. I feel Mexico in the skin, the backyard of my mother's house where I thought I would write these lines. Summer is coming to an end, it's time to begin a new journey. I think about how you never said anything. About how you projected your fears on me. About how you're still a child. You sure know how to project your fears, creating a whole feedback loop with my own: the perfect chaos. It's better this way, our fears all tangled up, so you can distract yourself for a while, then start writing.